Idea

of

Creatives

超级广告人

创 意 心 得

大创意 PITCHINA 编著

广西师范大学出版社

· 桂林 ·

Preface 序

正在看这段文字的读者，你好。也许你是本书中受访者的朋友，想看看这帮人是如何“自卖自夸”的；也许你是受访者的下属，想听听他们讲一些你没有经历过的项目；也许你并不认识任何一位受访者，但从业多年，想找找“干货”或者为日后的业务洽谈找些谈资；也许你即将准备入行，想快速了解这个行业以及入行之后如何坚持操守。无论你出于何种目的，这本书都会让你受益良多。也许有些内容你现在还不是很理解，但别急，留着，以后肯定看得懂！

我是一名广告从业者，工作中常有人问，做广告就是做设计吗，还是做策划？做广告是做灯箱广告吗？每每遇到这样的情况，我只能面露难色，却不好解释。

我常说，如果问 100 个人广告是什么，可能会得到 120 个不同的答案。没错，这个行业不容易说清楚，而这本书却恰恰在谈这件事。

最近拜访了一些广告“大佬”，他们纷纷向我抱怨如今的广告公司越来越难招到优秀的人才了，究其原因，是现在的年轻人认为进广告公司不时尚了，做广告不酷了，从而转身投入到互联网大厂这类企业中。回想当年自己选择了广告专业，毕了业顺理成章地进了广告公司，在工作中不断接近答案，到如今依然身在这个行业之中，其中原因有三分之一是坚持，三分之一是情怀，三分之一是当初还没有互联网企业。

不得不承认，做广告需要些执念。我曾劝很多准备入行的新人，想发财就不要选这个行业，但是想精神“发财”的话，可以选。有良好的文化背景、时刻保持一颗好奇心、有政治正确的价值观、有超强的同理心、有异想天开的大脑、通吃各国文化……这些仅仅是一个优秀广告人需要具备的职业素质的一部分。我们为品牌做嫁衣，为产品寻找购买者，让大家记住了驰名中外的优秀品牌，记住了畅销全球的好产品，却鲜有人记住几个广告人的名字。心态端正的老广告人这样说：“一切广告都是不署名的创作，为客户做过了作品，这件事情就结束了。”

身在广告行业的人大概都知道，这是一个靠经验说话、靠作品找工作、靠想法拿生意的行当，有点像过去的手艺人。互联网时代的到来，对我们每个人都产生了很大的影响，而广告恰恰是一个受外部变化影响特别大的行业。屏幕载体的改变导致了大家思维逻辑的改变，从人们被迫接受信息的电视时代，变成了大家自由选择内容的屏幕时代，这样一个看似更加“自由”的改变，让广告的目标从原本的“昭告天下”变成了让受众主动传播广告，而在接下来的品效合一的时代，广告的目标则从点击观看、自传播变成了引导受众达成购买。同时，我们每天都被新产生的专业名词、刷屏作品、“10 万 +”等现象搞得十分焦虑。

我们经历过经济危机，经历过互联网投资热潮，但是互联网时代的集体焦虑是第一次出现。

跟风、追流量、刷屏逐渐成为各大品牌的日常课程，或者梦寐以求的日常目标。这个行业集体焦虑感的不断升高，没有让效果和创意作品变得更上一个台阶，反而让越来越多的人忘记思考，让越来越多的企业和代理公司走向了“虚拟人生”，忘记了传播的本质。

作为广告人的我，如今虽然没有在做“广告”，却为这个行业产出了内容，我并不认为这是放弃了自己，反而是以另一种广告人的身份存在。从 2015 年开始筹划这本书的内容到执行出来，时隔几年，我问自己是否忘记了初心，现在我可以坚定地说，没有！我的目标是让更多的人了解一个广告的创作过程，了解一个广告背后的思考逻辑，最终了解一个广告的传播本质。我常自嘲，我们做的事情是在用最费力的方式去工作，但也是因为这样的“费力”让我结交了非常多圈里的“大咖”，并且采访了这些中国广告圈天花板级别的人物，他们获奖无数，和各行各业的国内外优秀的一线企业合作过，积累了非常丰富的经验，久而久之这些经验都变成了值得学习的生意经验。

无论是20世纪六七十年代穿梭在纽约麦迪逊大道上的广告狂人，还是如今活跃在互联网时代下的营销高手，都需关注手中所做的，主动思考，莫问前程，但问目的。今天你拿起这本书，翻到这一页，我要说声谢谢，因为你没有只看到书名就放下了。

引用一位受访者的话："广告的存在并不能改变世界，如果有人这么想，那可能是广告人的傲慢。"

感谢我的团队，感谢马唯玮、高贞慧为本书的内容提供想法、贡献文字；感谢每一位书中受访者接受我们的访问，并将智慧和经验分享给更多人；最后感谢我的家人一直以来对我工作的支持，对我坏脾气的包容。

千言万语，汇成一句——这本书是一个值得你静下心来探索的"藏经阁"。

金存依

2019年2月24日

天津利顺德大饭店

Contents

目录

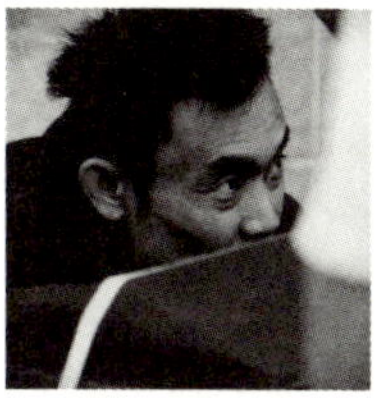

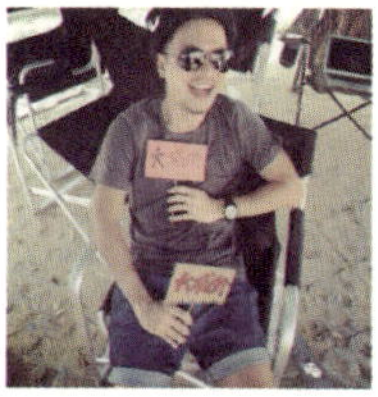

Account 客户服务人员

AD 客户总监

AE 客户执行

BD 业务拓展

Brief 创意简报

CCO 首席创意官

CD 创意总监

CEO 执行总裁

CMO 首席市场官

ECD 执行创意总监

MD 总经理

TVC 电视广告片

VP 副总裁

An Interview with Ng Tian It

谦虚并快乐地做创意

黄田壹
新加坡知名广告人，麦肯集团前中国首席创意官，曾就职于DDB、Monsoon、百帝、盛世、李奥贝那、麦肯、Lowe及BBDO，作品曾获D&AD、One Show、Cannes、Clio、新加坡创意奖、亚太广告节莲花奖、亚洲广告奖、澳洲广告奖。2007年11月转战中国，开始了在华的广告生涯。

大创意 × Ng Tian It

因为约会地点附近的小学放学，导致道路拥堵了十多分钟，所以我们比约定时间晚到了几分钟。到达约定地点的楼下，一抬眼就看到了二楼窗前那个衣着休闲的背影和一定能确认他身份的光头。对，那颗传说中解决了很多难题、想出了很多创意的光头。

有礼，这是我们还没有开始交流前我的感受。当整个交流结束后，我在我的朋友圈里写下了这样一句话：“我知道他是一个谦虚的人，但我没有想到作为一个前辈，他的谦虚会让我在整个交流过程中一直冒着带有敬畏之心的鸡皮疙瘩。”这不是虚言，而是我最真实的感受。

聊天的氛围十分轻松，黄田壹的故事和讲故事的方式都让人忍不住开心起来。在他告知我们他的实际年龄后，我们非常吃惊，因为他的状态比他真实的年纪小了十多岁。我相信他听到我这样说也会非常开心，因为这也是他希望给别人的印象。

“怕老”不是真的怕，而是希望一直不断地去了解世界的一种态度。为了向他永远年轻的心态表示致敬，我是不会把他的年龄透露给你们的。

他说，这些包容、豁达、年轻的活力因子全都是广告带给他的。我对此深信不疑。

他还说，觉得苦是因为喜欢得不够，生命那么短，不要在觉得苦的事情上浪费时间，去做喜欢做的事。

他爱回答，也爱提问，与其说是我们对他进行了采访，不如说我们在那个下午进行了一次对广告和创意的交流。

大创意：和你在来中国之前所处的广告环境相比，你对中国的广告环境有什么样的感受或者观点？

黄田壹：国外有很多东西都是一步一步来的，他们的人是跟着局势发展走的，而在中国，局势和人之间多少有一些脱节，局势会走在人前面，而人在后面慢慢跟。对于广告人来说，把你的东西卖给懂的人是最好的，但同时要面对的情况是，有很多时候人们都会依照他们所知道的情况去对一件事情做判断。

话说回来，每个国家都有自己独特的国情，有的发展趋势也只有在这种特定的条件下才能够行得通。

大创意：对于客户和客户之间呢？国内外的客户之间有什么明显差别吗？

黄田壹：什么样的人都有，各个地方都有要求很多的客户，也有很棒的客户。但是整体相比较起来，西方国家的客户可能会对创意的接受度稍微高一点儿，也更懂得广告是如何操作的。

大创意：那么是什么一直驱使你去做一件事情呢？

黄田壹：别人告诉我“不行”的时候，我就想要试一试。之前新加坡麦当劳的案子就是这样一个情况。我一接这个活，所有人都跑来和我说节哀顺变，因为整个公司没有一个人想要碰这一块。当时麦当劳正在做春节期间的一个推广，提倡接地气。对我来说，我相信有的时候虽然不能去选择我们即将面对的工作，但是我们能选择面对这些工作的态度。当时的负责人也是看中我对她的品牌有热忱，而且够积极，加上她受的是中文教育，而我又会说中文，所以沟通起来没什么问题。搞定麦当劳的案子，确实给了我很大的信心去接受下一个更大的挑战，于是我去了麦肯。

大创意：你有偏向虎山行的态度。

黄田壹：当别人告诉我说“你死定了”，我就真的想要去试试看会不会死掉。

大创意：那你遇到过难缠的客户吗？

黄田壹：有，但是不多。

大创意：那你迄今为止最喜欢的客户是谁？

黄田壹：最喜欢的是曾在玛氏中国任职的一位墨西哥籍市场部总监。当时我们负责的品牌在全球的营销主题是：饿的时候不是你自己。总部希望中国也能沿用这个主题，但调研结果并不

玛氏士力架广告片

太乐观，除了产品不符合中国人的口味之外，幽默手段也不容易使用，隐喻会让受众比较难懂。但客户很坚信这个洞察是全球通用的，而我们也抓准了这一点，用一系列能与消费者有所共鸣的人物角色，像林黛玉、韩剧悲催女、包租婆、猪八戒等，最终把这个概念落实了。广告出来之后，这个产品在中国的市场上卖断货了。这真的是让人很开心的一件事——证明了我们坚持这个定位是正确的。有人说中国人对幽默广告接受度不高，但其实也不一定，这就是完完全全的幽默路线，大家的接受度也很高。

大创意：这个广告有拿奖吗？

黄田壹：有，是国内的奖。但是对于我们而言，这一系列广告的口碑远远超过它所得的奖。我和同事去大学演讲，每次讲到这条广告的时候，下面都掌声一片，还有人在猜我们下一个广告会是什么。我当时真的很感动，我觉得这就是广告的意义。它甚至远远超过了我们当初想要营造的效果。

大创意：所以客户方面，做出决定的人很重要，他们的决定会直接影响到整个创意和整体后续的效果。

黄田壹：对，很重要，客户方面的决策者一定要敢担当。

大创意：刚刚说到广告的意义。可能对于消费者而言，广告就是一张促销的纸，那广告对于你而言，有倾注一些别的东西在里面吗？

黄田壹：我认为广告就是开心。我希望客户的产品大卖，并且被别人接受。但不是硬卖，消费者并不喜欢硬卖，我希望卖的方式要具有娱乐性，用比较独特的方式把产品卖点传递出去。我们当下的竞争对手已经不是另一条广告那么单纯了，而是更吸引人的内容，比如说电视剧。一则广告和《权利游戏》放在一起，消费者会选哪个？所以，好玩和开心对广告来说是很重要的元素。

大创意：那你的团队里会有同事和客户吵架吗？

黄田壹：国内比较少，国外大多数人会据理力争。你们提一个创意，客户如果不喜欢，你们会怎么做？

大创意：我觉得这要看客户，当面沟通是很重要的方式，当然我们也会选择发邮件、打电话。但我们一直都认为当面提案的影响力会更大，客户的想法也会当面告诉你。现在有很多客户不知道自己想要什么，但知道不想要什么。有的时候客户看了一个准备很充分的创意之后，可能立刻就说对这个创意没什么感觉，但你当面讲解之后，他会接受。也有的客户可能看到你的创意就直接说“我不喜欢，你也不用来解释”。我们相信：好的创意不需要解释，但对别

大众辉腾

的人不用解释，可对你的客户还是需要解释的。

黄田壹：所以我觉得是性格的关系。但有些分歧会碰撞出一些不一样的火花。

大创意：我还对你的一个作品相当膜拜，就是辉腾的那个广告。当时是怎么想到这个创意的？

黄田壹：这个广告多亏了最后决定采用这个创意的客户。当时很多人都说，要用安全保险的方式来做这个广告，我们也按照这种方式给出了方案。但后来她告诉我，方案的确很保险，但并不打动她。于是，我就把提前准备好的方案给她看了，她当即就定了这一套。

大众辉腾

大创意：太多的客户都会在看方案的时候提出担心，担心做出后效果不好。

黄田壹：对，这就是广告的特点，谁都不知道一则广告出街后好不好，即便是公认的四平八稳的广告。

大创意：那当时客户的brief是怎么下的？

黄田壹：其实跟brief没有关系，当时我们想了一个时光倒流的故事，主角原本定的是周润发。但后来没办法实现和周润发拍摄的那套方案，就临时想了另一套方案。我认为这也是一个很好的契机，因为条件的限制而促使你必须去想一套更好、更合适的创意。

大创意：然后就想到了现在的这个？

黄田壹：没错。

我们的一位同事喜欢西方哲学，他说："康德每天都走同一条路，却因为这样的固执想出了最棒的哲学思想。”所以我们就想到了“固执”。同时，另一位同事又想到用纸牌屋的那种对着镜头自说自话的形式，带有娱乐性的同时又能展现出自信。这种“固执”其实也是那些能够把事情做好的人的一个特点。

大创意：这些演员都是德国人吗？

黄田壹：对，都是德国人，这条广告也是在德国的工厂拍的，那个父亲比他儿子干的时间还长的故事也是真实的。这种故事在表现“固执”的同时，又将传承的感觉带进了广告。

大创意：对，这也是很打动我的一个地方，有传承，有坚持，不仅塑造了这些匠人和辉腾的形象，还顺便将整个德国的形象都容纳进去了。

黄田壹：是的，所以这条片子的成功真的要完全归功于那位敢拍板的客户和我们团队的成员。

大创意：好的工作伙伴和好的客户，真的是一个成功广告人的必备利器。

黄田壹：是的。

大创意：互联网会对广告有冲击吗？

黄田壹：会有，至少在渠道方面是这样的。

大创意: 你遇到过客户向你要效果吗?

黄田壹：遇到过，但是现在越来越少了。因为社交媒体自身的环境在变化，不管是客户还是我们，都需要学会用新的方式来处理问题。

大创意：社交媒体盛行期间，品牌对数据的盲目跟风，产生了很多垃圾广告，你觉得这是恶性循环的开始吗？

黄田壹：客户必须意识到内容的重要性才行。效果一定是内容带来的。

大创意：那我们来看看当下的广告人。现在的广告人都经常自嘲是“广告狗”，你怎么看这个称呼？

黄田壹：我能理解。但还是看你有多喜欢你所做的事情。有多喜欢，就愿意付出多少。如果觉得每天都很辛苦的话，那最好不要做了，人生那么短，不如去做一些自己喜欢的事情。

创意一定要在开心的情况下去做。

大创意：是，所以这才是我们大创意为什么会出现的原因。我们认为广告人应该是收入很高的人群，也是懂得生活的人，要去体验各种喜欢的、不喜欢的生活。举个例子，当有一天来了一个拥有豪华游轮的客户，而你的月薪只有3000元的时候该怎么办？完全没有体验过豪华游轮，怎么能够做得出这则广告呢？所以，我们现在也希望能够帮广告人找到那种本来应该存在的感觉。现在广告的门槛很低，人们很容易进入这个行业，由此导致了这种激烈的竞争和收入低的情况，也产生了很多垃圾广告。

黄田壹：你们做的是一件很好的事情。

大创意：你会怎么去引导这些后辈呢？

黄田壹：应该是让年轻人来引导我才对。广告这个行业本来就是年轻人的行业，我们这些人有时还会觉得：“哎呀，我好危险哦！”我能做的不是抹杀，而是如何用我所积累的经验，把年轻人那些跳跃的点子进行包装和规划。

大创意：你曾经说，找到一个有创意

的大脑很重要，你现在找到了吗？

黄田壹：其实我觉得态度很重要。你喜欢你所做的事，你的脑子里就会不停地装很多新的东西。一个不往头脑里补充新鲜内容的人，他脑子里的东西很快就会用完的。所以，做广告一定要开放思维，你的脑子要装得下很多东西，你的心里也要能容纳很多东西。我觉得这也是广告很妙的地方，它能让我感觉自己一直很年轻。别人问我会不会退休，我都会说："不会，我怕自己变老。"

大创意：对新进的广告人的建议是什么呢？

黄田壹：谦虚。这点要一直坚持到老。年轻人和比较有经验的人的区别就在于，年轻人不知道如何规划。差别仅此而已。

常驻问题

大创意：一般情况下早午间你都在干什么？

黄田壹：国外都是 9 点多上班。所以基本上这个时候都在工作状态了。

大创意：你最近都看了些什么书？

黄田壹：Malcolm Gladwell 的 *David& Goliath*。

大创意：你还有别的爱好吗？

黄田壹：看电影，喜欢日本的和英国的电影。

大创意：请帮我推荐下一位受访的创意人吧。

黄田壹：余子筠。

An Interview with Yue Chee Guan

做有霸气的广告人

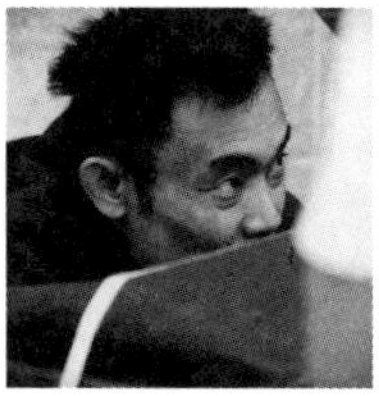

余子筠
新加坡创意人，现任上海奥美集团执行创意总监，曾就职于BBDO、10AM、GREY等知名广告公司，作品曾获Cannes、One Show、D&AD等国际知名奖项。

大创意 × Yue Chee Guan

（上）

这几天我一直跟Guan说他很酷，虽然不知道他是不是乐意接受，但我还是很固执地说着对他的这种感觉，并且固执地向他要了一张有“距离感”的黑白照片。其实他很幽默，也很随意，并不会拒人于千里之外。

这次的访谈时间很长，我们在十分嘈杂的Wagas西餐厅里面，几乎是用吼的方式，聊了三个多小时。整理完之后，我才发现，有料的地方太多，他犀利的言辞也让我不舍得过多地删减，因此不得不将这次的访谈拆解为上下两部分。

当天聊完之后，我给他发了一条我觉得特别矫情的微信：“我从你身上看到一头冷静的雄狮。”但我真的是摸着良心发的。我特别不善于夸人和对认识的人直抒胸臆，特别是像这种20世纪六七十年代笔友之间在书信往来中才会用到的感叹方式。但那天我没忍住。

Guan很冷静地在观察整个广告行业，他有敏锐的洞察力和一种深藏在骨子里的霸气。交谈的过程中，“广告人应该有自己的‘霸气’”这个观点让我在内心鼓掌数次，也许真的当广告人不再把客户当作单纯的“金主”，而是与自己一同完成一个完美作品的合作对象时，整个广告行业就真的进入了一种大家都希望看到的良性循环中了。

在共进早午餐的时间里，我一直都在观察，Guan 在聊起广告和创意时，身上散发出的那种“认真”，但后来我发现那不单单是“认真”，而是一种充满了热忱的激情。这一点，在他的客户、同事的眼里，可能会被看作是“专业”，但我觉得，这正是他沉浸在自己的“游戏世界”里的一种表现。

他把他的“游戏策略”告诉了我，而我，现在转述给你们。

大创意：你当时在美国已经有比较安逸的生活了，为什么还要去英国呢？

Guan：我那时候刚毕业，生活不安逸。第一份工作，我做了一年半就辞职了，而且是在没有找到另一份工作的情况下。因为我喜欢做好玩的创意，而在这方面，当时做得最棒的地方就是伦敦。既然已经身处国外，那我自然是哪里能得到最棒的创意，我就去哪里。

大创意：当时觉得英国最棒是因为D&AD吗？

Guan：对。到了伦敦我就用自己的方法去搜集获奖者的联系方式，接着给他们打电话，希望他们能帮忙看看我的作品。

大创意：那个时候D&AD获奖作品是飞机稿吗？

Guan：那个时候伦敦没有做飞机稿的人，他们都是很认真、很专业地在做广告。真正爱做飞机稿的人在新加坡。因为新加坡人有英语教育背景，受西方文化熏陶比较多，有很多国外的创意总监会来这边交流，而新加坡的广告人跟他们学得很快，所以他们具有去国外拿奖的基本条件。这也导致了行业内的人都叫新加坡为“Scam Town”（飞机稿城）。

大创意：在英国期间，你和好朋友Paul作为创意搭档，有没有印象深刻的案例？

Guan：印象深刻的是一个Jeep（吉普）的平面广告。因为土族人都喜欢把自己猎来的动物的头颅挂在房前以示能力，所以我们当时在平面上设计的就是在土族的泥屋旁边挂一个Jeep的车头，用来表现Jeep的野性，表现它能够去一般人去不到的地方。

大创意：之前看你在文章里提到过带去伦敦的那本作品集，光是看你用文字描述都觉得很精致，并且你也说你是一个完美主义者，我可以把这种完美主义理解成“挑剔”吗？

Guan：我是一个很挑剔的人。非常的挑剔。

大创意：有人因为你的挑剔而发火吗？

Guan：没有人在我面前发火，只有我

跟别人发火。因为我在挑剔的过程中，就会先对被我挑剔的人发火。

大创意：那你觉得挑剔给你带来最多的是什么？

Guan：我自己的满足感，其实这很自私。但我的挑剔可能是受我母亲影响比较多。每次吃完晚饭我妈妈都会站在顶灯下方的正中间，指挥我们把餐桌左右移动，直到它的正中心和顶灯对齐。受其影响，直到现在，我脱鞋后，都会把鞋带放进鞋子里面，以免被踩脏。所以我的鞋子一般都会保护得比我太太要好。当然也有可能是她借着保护不好鞋子的由头想要多买几双鞋子，哈哈。

大创意：我很好奇，看到对不齐的东西会让你烦心吗？

Guan：不一定，有的时候我会刻意让它们乱，因为乱也会刺激我产生一些灵感。我不是非得要整齐，只是整齐是我的习惯。我的鞋子未必是工工整整地放，但我一定会把鞋带放进去。我觉得对于美术指导来说，这些可能是有必要的。不仅仅是广告行业，我觉得所有行业的美术指导都是有组织、有理念的。

大创意：你也被别人挑剔过吗？

Guan：我到现在还在被挑剔。

大创意：现在还有人挑剔你？

Guan：客户啊！

大创意：我看你之前写的文章里面提到“那个时候面对前辈的挑剔，其实心有不甘，但有时认为他们说得有道理”。现在回过头去看，心态上会有什么变化吗？

Guan：我说过心有不甘吗？这就是变

化，我都忘记之前觉得心有不甘了。

大创意：说到被客户挑剔，我们都经历过自信满满地带着作品去提案，而且一连带了几个方向去见客户，但最后客户选了一个“炮灰”。你面对这样的情况，一般会如何应对？

Guan：首先，我一定不会带着“炮灰”去提案，我可能会提三个方向，但这三个方向必须都是我喜欢的。这样的话哪怕客户选了一个最差的，也是我喜欢的，我不至于在这件事情上白花工夫。其次，我现在的心态是，去提案不一定非要客户接受，我会带着东西去和客户讨论，把他们心里面想要的东西都挖出来，做一个信息的交流。无论他接不接受，这次的交流结束之后，我都知道下一步应该去做什么，这样做出来的东西一般都会比较精准。基本这样交流两次就会搞定，如果幸运的话，可能一次就搞定。

大创意：你遇到过那种当面赞同，背后摇头的客户吗？

Guan：遇到过。

我一直坚持亲自去挖出客户的想法，无论有没有account，我都会去亲自沟通。我遇到过这样的客户，当面开会时他表现得非常满意，说“只要有你在我就放心了，一定行的”，半小时之后，account对我说，客户在回去的路上打来电话说不行。如果他当面跟我说不行，我可以和他沟通到底哪里不行，哪里有问题，可是这样当面说好，背后又说不好，我既没学习到什么，也不知道下一步该为他做什么。这样周旋来，周旋去，怎么能产生好的作品呢？

大创意：所以没有积极沟通的客户，很难产生好的作品。

Guan：这是肯定的，没有好的客户就

没有好的作品。但有时候也会有好作品，就是飞机稿，然而飞机稿又不一定非得要有客户。

大创意：你会用当时那些前辈对你说过的话来跟你的伙伴们讲道理吗？

Guan：会的。我时常用他们的话。只要是有道理的，我都会记住，然后跟别人分享。我在波士顿做了两本作品集，用第一本找到了当地的一份工作，把第二本拿到伦敦去炫耀，然后别人就说："是，你做得很精致，但是你没必要做成这样。"说完就从身后拿出一包东西来，解开上面的草绳，里面全是一张张的纸，都是草稿，然后对我说："这都是我们的作品，只要有想法我们就会记下来。"他讲完后，我就明白了，其实不应该花太多时间去做那么多 Photoshop，而应该花更多时间在创意本身上。他们之中还有人跟我说："你在来我办公室的途中，有什么想法，记在你的车票上面，把车票给我们看，这样也行的，不需要那么漂亮。"到现在我都很清晰地记得这一点，所以我经常在公司里和年轻的伙伴们说，不要花太多时间在 PS 上面，多花一些时间在创意上，这对往前走才是最有帮助的。

大创意：你觉得好的创意有什么特质？

Guan：好的创意会让我妒忌。这几乎是我评判一个创意唯一的标准。如果一个创意让我感叹"这要是我做的该多好"，那它就是一个好的创意。我喜欢当评委，喜欢看年轻人的东西，因为我可以从里面找到让我妒忌的点。

大创意：那你认为一个好的创意人应该有哪些特质，又应该如何去让自己的创意持续不断地出现呢？

Guan：我一直认为，命途多舛的人大多会有很多创意涌现出来，因为他的人生本来就是一场风暴。这是我一直都相信的。我很幸运也很不幸的没有这种经历。要保持有创意，对我来说是件很不容易的事，因为我的生活太规律了。唯一不规律的阶段，就是当初曲曲折折地跑去美国读书，又辗转去英国闯荡，这些经历对我来说是相当宝贵的，而宝贵之处就在于它的不规则。在这段经历中发生了一些我认为人生中不可能发生的事情，给我留下了一些生活积累。可是后来我结婚生子，生活就开始变得规律起来了。在周末，我就是一位普通的父亲，所以我现在就把陪儿子玩乐高当作是刺激创意的一种寄托。

（下） 我记得会面前的某个晚上，我看到 Guan 的作品时，也不管是不是凌晨 2 点钟，就给 Brenda 和 Alan 发了微信，分享了这些作品和我对这些作品的喜爱程度。

见面的时候 Guan 问我最喜欢哪一个作品，我选了“Good Old Days”。我在那里面看到了故事（其实还有其他的作品也都能从一张简单的平面中读出更多的内容），并且有想要翻看以前的同学合影的冲动，看是否能够为老同学打上相应的标签。我不知道这个作品是否用到社交媒体中了，但我跟 Guan 说：“我认为真正的社交媒体广告应该要有这样的水准和高度。”

在这部分的交谈中，Guan 说了一句话让我印象很深，他说：

“广告人有一种病，就是没有了品牌，我们所做的一切就什么都不是。”我想这句话既是对广告人说的，也是对那些还在社交炒作人潮中迷失方向的品牌方说的。

品牌是广告人的信仰，但最重要的是，品牌是品牌方的生命。

大创意：你说过，你永远都在意下一个作品，因为那代表了你现在的水平。

Guan：无论你刚做完什么作品，拿了什么奖，它都已经过去了。你会发现大家开始“虎视眈眈”地盯着你的下一个作品，如果下一个作品同上一个一样好，那么大家又会等着看你下下个作品。你要一直保持这样的水准，别人才会觉得你是一位值得尊敬的创意人。

假设你因为有了一个很好的作品之后，就放松了，再也没有好的作品出来，别人就会认为你是碰巧有了之前那个好的作品，甚至可能都不是你做的。所以你要不断地鞭策自己去做更好的东西。一旦开始了，这就是一条不归路。你要一直不停地跑，作品做得越优秀，拿的奖项越大，得到的压力也越大。所以有很多人觉得不拿奖会要了命。

有的时候我觉得拿奖是一件不太健康的事情。我可能会从一个整体来看创意或一件作品是不是打动人，看团队做完作品是不是真的有自豪感。

BINKY babies

大创意：说到作品，这个“BINKY babies”的创意是怎么想到的？

Guan：这个作品不是我一个人做的，但我是有孩子的一员。你还没有孩子，可能不太清楚，孩子闹起来是没有道理的。如果他想要什么东西，你不满足他，他就会哭、会闹，而且停不下来。所以当时我们假设孩子就是很难搞、不敢惹的人，对于父母来说，最好的方法就是塞一个奶嘴。

大创意：还有“NBTY good old days”的创意我觉得很讨人喜欢，即使放在当下的社交媒体中也能提高很多人的参与度，并且这是一个能够挖出很多故事背景的创意。既有品牌，又有故事，还有互动，在我看来这是相当棒的一个作品，当初客户的brief是如何下的呢？

Guan：老实说，这个作品是一个自发性想法。NBTY是我们的客户，是我们主动拿这个产品发散出了这个创意，然后去找客户，问他有没有兴趣看一下。结果客户看了相当满意，最后采纳了，这个创意也就从一个飞机稿变成了最后出街的广告。所以它没有brief。

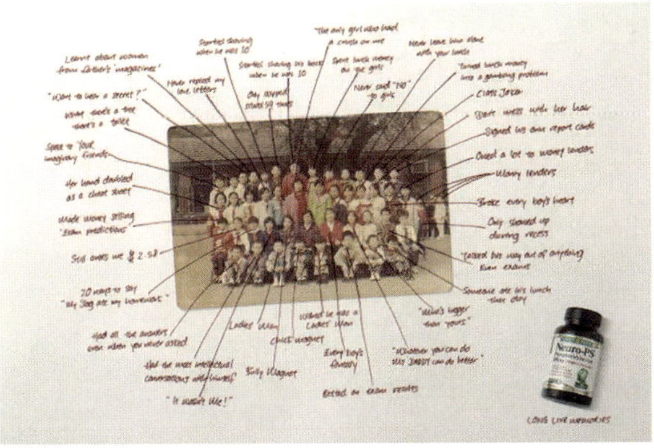

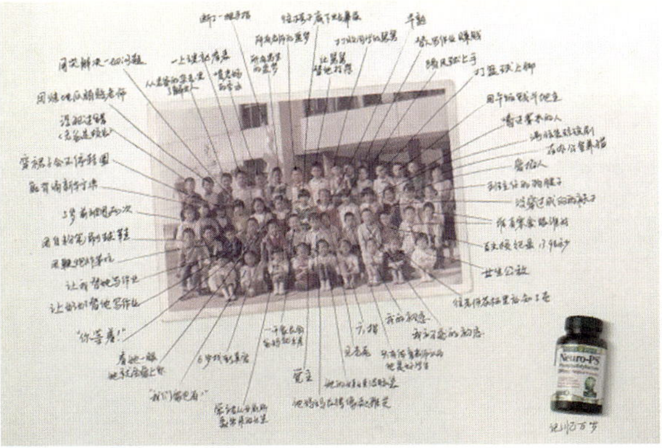

NBTY good old days

大创意：没有客户的限制，做出来的成果反倒会让他震惊。

Guan：客户是一个很关键的角色。如果客户花了很多力气和想法去做一个brief给你，那么最后他就会守着这些条条框框来一条一条地查看你给他的作品。假如在没有brief的情况下，你围绕他的品牌去想一个创意，然后找个轻松的时间跟他谈，没有那些条条框框，他的接受度会更高。我时常和我的伙伴们说，我们要特别努力，无论客户给出了什么要求，都要给他额外的东西。在满足他所给的条条框框的前提下，再给他一道“甜品”，这样才能真正打开客户的思路。

大创意：能够在基本工作的基础上给客户更多的服务，这也是一个创意人的价值所在。

Guan：对，而且客户也会更加信任你，对你放心。

大创意：腾讯的三部曲，我真的看得热泪盈眶，特别是爱情篇。那时候过春节，我和男朋友异地相隔，两个人通过微信不约而同地聊起这个广告，都大赞腾讯要开始“发大招”了！当时这个方案你是负责全部的工作，还是作为编剧？

Guan：我们永远都是团队在一起做。腾讯的那个创意是我们很多年前就开始积累的。我们找了一个房间作为战略房，大家有想法就贴在墙上——大学时的照片、漫画、同学间的故事……将这些照片结合来看，我们发现这一路都是腾讯陪伴在身边的。腾讯在生活当中具有很高的价值，只是有时候被大家忽略了。当时的创意就是这样碰撞出来的。这些故事都是身边实实在在发生过的，比如在亲情篇中，母亲按遥控器的那个点就是源自我的母亲。每个人都能够从这样的故事中找到身边一些事情的影子。

大创意：我们来聊聊目前的行业形态吧，你怎么看待现在行业当中的借势营销？

Guan：大家都在做借势营销，但是作品很难让人记住。比如当年很火的范冰冰和李晨的“我们”事件，很多品牌借势做了广告，但大家看完之后就忘了。即便他们做得很棒，但是没有让人产生记忆的点也是徒劳的。

大创意：近几年社交媒体这样的情况层出不穷，品牌也对社交这一块趋之若鹜。

Guan：社交的内容的确要接触，新闻也可以炒，但要弄清楚到底是为自己炒还是为那个新闻炒？品牌觉得这样做点击率很高，但真的是这样吗？即使点击率高了，会有更多的人去买你的产品吗？

我不这样觉得。以前我们做广告，会

让一位美女站在车旁边，因为我们知道，品牌需要降低一点儿格调去吸引别人。而在产品旁边的这个人和受众、产品都有关系，这是有智慧在其中的。传统广告本来就懂得降低自己来跟人家“玩”，来吸引别人，可是随着时代的发展，我们已经忘了要如何去做这件事。硬广做得太离谱，所有的平面或者电视广告都是卖卖卖，并没有跟别人在一起“玩”。互联网兴起之后，有了社交媒体，这个时候，我们才开始觉得：哦，原来我们要去跟别人“玩”。可是如果玩到不记得自己的品牌就很危险了。客户顺着社交一路“玩”下去，以为自己和大家玩得很开心，可是最后却把自己的品牌丢了，那怎么办？最终还是要有纪律地回到大创意的思路上，而不是一味地打野战，玩小伎俩。那如何回归到创意呢？我们需要反省的地方是传统广告思路如何改变，才能更好地和这个时代相契合。

大创意：如果对比互联网广告和传统广告，你现在的看法是什么？

Guan：电视是载体，互联网是载体，户外媒体也是载体，但最核心的东西是，品牌价值在哪里？利益点是什么？品牌定位是什么？目标受众是谁？不管是不是社交，这些核心的东西都是要去做的。社交不是传统 4A 公司的人在做。传统的 4A 公司以为自己不会做社交，而现在的新媒体公司则以为自己会做社交。有的新媒体公司的人不是在做广告，他只是写了一个段子，让大家笑一笑，没有策略、没有故事、没有品牌。不是会写段子就会做广告，也不是看了几本书就能变成文案。

大创意：很多品牌搞不清楚自己的品牌定位，但又觉得一定要做社交这件事，为了不让自己的钱白花，就要求做 KPI（关键业绩指标），最后就相当于花钱买了一堆数字，给老板看的也是数字。

Guan：任何人的行为、想法是很难用科学、数字去统计的，可是能让老板衡量自己的只有数字。

大创意：现在很多客户的想法相当成熟，他们甚至不需要代理公司帮他们制订策略，而是单纯地要执行，对于这种当客户的“手”的情况，你怎么看？

Guan：我很少遇到这样的客户。但我觉得，还是要看自己——你是什么样的创意人，就会遇到什么样的情况。在广告公司里工作的人，不管是不是创意人，都要有一种霸气。有这种霸气，客户才会尊重你。他知道你言之有物，才会相信你的专业度，接受你的观点，即使他有什么想法，也会跟你讨论。而你也有机会用你的专业去说服他，让他接受在这件事情上用正确的做法。

大创意：你觉得创意人会时不时地陷入自己的世界里，导致自己的创意没办法被其他人接受吗？

Guan：会啊，创意不能一个人做，一定要有搭档，一个人很容易钻牛角尖，也容易让别人看不明白。文案配美术，大家要一起去想、去做，去找创意总监或者 ECD 聊创意。

大创意：你有没有遇到传声筒一样的 account？一般你的处理方式是怎样的？

Guan: 我有一个比较固执的方式，就是如果觉得一个 account 拿过来的 brief 有问题的话，我会把他拉到旁边针对这个 brief 谈三个小时，一个细节一个细节地谈。我就是一个这样的 ECD。

大创意：什么样的 account 才算是好的呢？

Guan：我觉得一个好的 account 是一个策略师，他要了解客户，但并不是要了解这个客户想要什么东西，而是要了解这个品牌的格调是什么，消费者又在哪里。他在写brief结语的时候，多多少少就已经有创意在里面了。我记得之前有一个account，他在宝马5系轿车的brief里写的一句话是“David Beckham in a suit（穿着西装的大卫·贝克汉姆）”，这句话让我立刻想到应该做什么，脑子里的画面就出来了。总之，好的account应该可以从客户那里掏出东西，接着去沉思，然后再传递给创意部门。沉思这个步骤是需要的，如果你没有沉思的过程，就没有办法去判断创意人最后做出来的东西是否能够满足客户的需要。

大创意：好的创意人要具有account的能力吗？

Guan：要啊，我觉得自己越做越像account。我喜欢和客户谈，包括从初期开始谈策略，提案的时候谈创意，等等。跟客户谈完我会与account团队谈，之后再同自己的团队谈——我不喜欢跟别人说，你们搞清楚了再来找我，而喜欢把所有能够让大家“玩”得起来的东西都规整好，确保大家能够愉快顺利地“玩”起来。

大创意：你觉得想创意的过程是在“玩”吗？

Guan：对，我觉得我在讨论策略的时候就已经开始“玩”了。跟大家讨论三个小时的策略之后，我的想法就已经初步形成了。我不希望大家将工作分得太清，而应该一直处于协作的状态。

大创意：我觉得你“玩”的是一场即时战略游戏。

Guan：对，有点这种感觉，但我觉得我们每一个人都是特种兵。我们没有飞机、坦克、大炮，但是我们能够用7个人的特种部队去炸掉一座大桥。

大创意：这样很有意思，如果把工作

只是当作工作来做的话，可能就没有那么多乐趣和热情了。聊了这么多，你对大创意有没有什么建议呢？

Guan：传统意义上，一个创意团队或广告公司和客户之间会有一个长期稳定的类似于婚姻的关系。这样可以让创意团队或广告公司为客户提供符合他们品牌调性的策略和作品。那么在这种新的游戏规则和新的平台下面，要如何确保提交给客户对的东西呢？

大创意：这很考验客户方市场部的人的能力。

Guan：我觉得，大多数客户方的市场部的人都没有广告公司做品牌的人有心——他们有时候很难接受广告公司为品牌用心想的一些好的东西，反而更在意做这件事的数据，以及是否能在老板面前过关。只要一直通关，他就能往前走。广告人有一种“病”，就是没有了品牌，我们所做的一切就

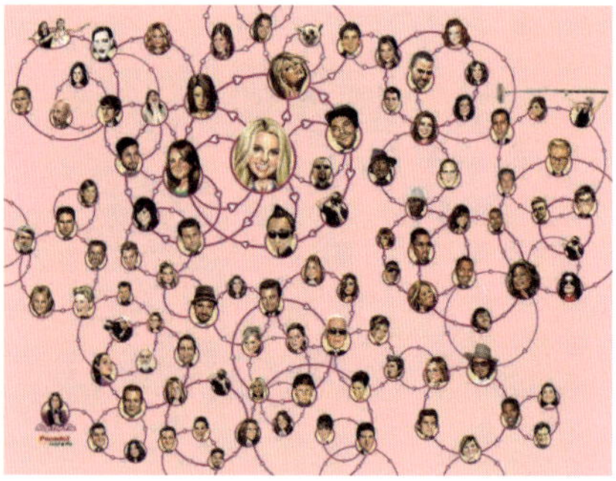

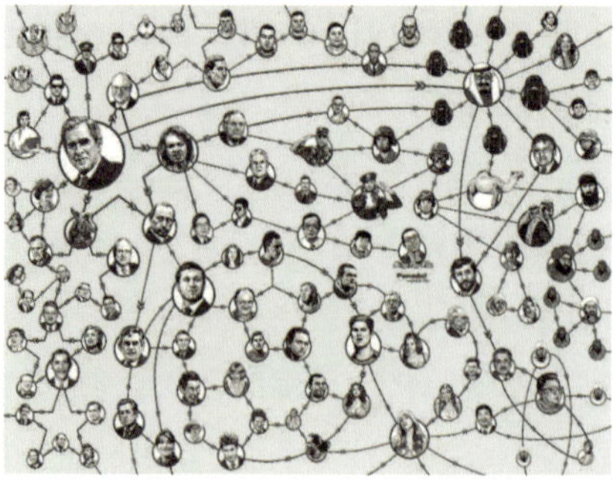

Panadol感冒药，有趣的平面作品，用人际网络传播病毒，最后病毒止于Panadol。我每次看到都不禁感叹一句：贵圈真乱，药不能断

TUI: Travel more, see more（多旅行，多见识）。传递深度旅游的概念，让受众知道著名景点只是这个国度的沧海一粟

什么都不是了。所以我们一般在做一件事的时候，都会把品牌放在第一位。在人创意这个平台上的创意人，是否能够为品牌做一个策略上的长远打算，是需要考虑的问题。

常驻问题

大创意：一般早午间你都在干什么？

Guan：我是一个喜欢早起的人，一般这个时候已经在开会或者在做别的工作了。年轻的时候，早上五六点就会起床，一边洗澡一边想创意。我一般会最早到达办公室，先做自己的工作，因为等同事都来了，他们就会拉着我开会、提案，这样需要我独立完成的工作就没办法完成了。

大创意：你最近在看什么书呢？

Guan：*The Big Ideas of Lee Kuan Yew*。

大创意：平时有什么爱好吗？

Guan：陪孩子打球和玩乐高。

大创意：请帮我推荐下一位受访者吧。

Guan：推荐两位，Elvis Chau 和 Colin Lee。

An Interview with Elvis Chau

广告人的价值在于能为客户提供多少价值

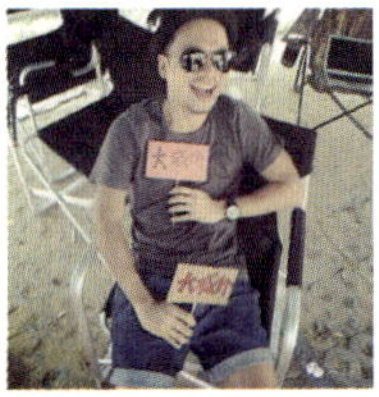

周锦祥
Anomaly上海合伙人，曾任JWT上海ECD。曾斩获首座中国大陆地区的戛纳金狮奖，以及艾菲奖、克里奥奖、One Show、伦敦国际广告奖、亚太广告节大奖、Spikes等大型国际奖项。

大创意 × Elvis Chau

Elvis 是 Guan 推荐的受访人之一，我们正好赶在他离开上海的前一天见了面。见面之前，Elvis 在微信里跟我说他这个人很无聊，可能采访持续不了太长时间，但是我告诉他，像Guan那么酷的人，都被我“扣”下三个小时才放走。当然，最后和 Elvis 聊天的时长的确没能打破 Guan 的记录，但是我们聊天的质量，并没有打折。

他说自己无聊，那是谦辞。因为他知道怎么开玩笑，也知道“开玩笑”对于一条广告来说有多重要。他有三年是在泰国度过的，我和他聊起泰国的广告环境时，他说了一段话，让我觉得不要那么较真可能真的会让广告（甚至自己的生活）更加轻松和容易。他说：“对很多客户来讲，广告就是娱乐，他们中的大多数都希望顾客能够喜欢这个品牌，那如何让顾客喜欢呢？就是让他开心！这就是他们的广告的出发点。”

关于广告人和客户的关系，他同样用了一句我不能更同意的话：“广告人的价值在于你能为客户提供多少价值。”

我跟别人说过这句话，不是用在广告上，而是当内心出现不公平的想法时，用它来平衡内心。

大创意：在你之前的一个受访创意人是 Guan。

Elvis：Guan 是我的老师。

大创意：我发现你们早年的经历有很像的地方，比如毕业的时候都把自己在校期间的作品抛弃了，做了新的作品集，你是因为什么做了那本新的作品集呢？

Elvis：我大学学的是平面设计，最后一年才集中去做广告设计，也是那时我才发现自己对广告的兴趣。我毕业之后当了两年兵，回头再看自己在校期间做的作品实在太幼稚。这个反省期很重要，一方面让我觉得要有更好的作品，另一方面就是自己需要一个作品集，然后就重新做了一份。

大创意：当初你挨个打电话给新加坡 4A 公司的 ECD 们，有遇到被拒绝的情况吗？

Elvis：大多数的情况是我找不到他们。他们一般都不会拒绝这样的请求，他们也想看是否有机会能够遇到有潜力的人才，所以一般我能够联系上的，都会和我见面。

大创意：当初的作品集有收到什么评价吗？

Elvis：评价还不错，都说我比较有潜力，但就是想得不够细致。

大创意：在这个过程中有没有什么有趣的事情？

Elvis：有趣的事就是跟 Guan 在一起！哈哈！

大创意：你们当时好像每周都有固定的约会时间是吗？

Elvis：对，他让我对这一行充满了激情。我当时想，竟然会有这么好的人，因为他公司很忙，他自己也很忙，但他还是愿意花时间和我一起探讨一些东西。他是一位非常细心和有耐心的老师，我跟他学到了很多东西。我们每周一晚上 7 点开始聊，可能会聊到 10 点、11 点，然后他又接着回去加班。而且他不止和我一个人聊，周一是和我聊，周二、周三会有其他的创意人来跟他聊。

大创意：后来你拿着作品集去 JWT 实习，虽然没有实习工资，但你还是愿意去？

百威微电影

Elvis：我当时就想学东西，所以就去做了三个月的实习生。我一到那边就是帮忙做比稿，其中有一个比稿是骨灰存放堂的广告，大家很少会看到这样的广告。因为广告的主要对象是华人，而我当时在团队里面算是中文比较好的，所以从创意到文案都是我在做。当时我就把这个广告当作地产广告做，后来这个比稿赢了，我很开心，很有成就感。

大创意：那当初为什么想要离开新加坡去泰国呢？

Elvis：我当时在新加坡JWT做了三年，他们有一个培训是在泰国，一个资深的员工不想去，于是就让我去了。去了之后我发现泰国的创意实在太牛了，就很想在那边工作。刚好我觉得新加坡的市场比较小，自己也很想拍TVC，所以干了两年就跟老板Norman申请去曼谷、上海、台北这三个地方。但是，每一个申请都被拒绝了，因为他们觉得我太初级。

后来在机缘巧合之下，我和泰国JWT的一个CD在一起工作了一两个月，他回到泰国之后，就申请把我调过去工作了。

大创意：泰国和你待的其他几个地方相比，广告环境有什么不一样吗？

Elvis: 我觉得那里的客户是很开放的。当时为Unilever（联合利华）在泰国的一款牙膏做广告，客户给我们下的brief就一句话：希望有人讨论这支广告。在泰国，大家都不会太较真，而这样也许会做出来更好的东西。泰国的广告环境很好，我在那里学到很多东西，创意在他们的文化中占着很重要的地位。对很多客户来讲，广告就是娱乐，他们中的大多数都希望顾客能够喜欢这个品牌，那如何让顾客喜欢呢？就是让他开心！这就是他们的广告的出发点。

大创意：你觉得什么样的创意是好的创意？

Elvis：我觉得好的创意应该让人有感触，比如这个东西很好笑，这个东西让我好想哭啊，这个东西让我心跳加速了，这个东西让我很生气。如果你没有任何感觉的话，这个东西就是没有用的。

大创意：广告除了是你的事业之外，还带给你别的附加值了吗？

Elvis：我在广告行业学到很多东西。我觉得在这个行业的好处就是接触的面比较广，会发现一些很有趣的事情，可以提高我的思考能力。除此之外，我还可以用不同的方式来思考和解决问题——无论在思考方式还是生活方式方面都给我带来了很大的附加值。

大创意：你带领的团队在讨论创意的时候会有特别的方法吗？

Elvis：我们都是疯疯癫癫的，以比较轻松的状态讲一些事情，没有很特别的方法，因为大家都很喜欢去做这件事情。但有时候创意需要一些压力，

MZGHTY JAXX

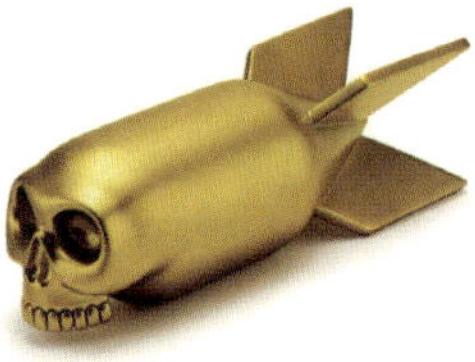

比如我们头脑风暴时会要求在 2~5 小时内想出东西，很多时候这样出来的创意会更有趣，因为那个时候的脑力是完全集中地在想这件事情。

大创意：在你看来好的创意需要解释吗？

Elvis：不需要，因为我们不是在做艺术品。但遇到客户不理解的时候，我肯定要去解释的。其实很多时候不是他们不理解，而是想知道这个创意如何解决他们的问题，他们会有很多自己的顾虑在里面，这个时候就需要去解释。

大创意：你现在如何看待广告公司和客户之间的关系？

Elvis：我觉得这是人和人的关系，而不是客户和广告公司的关系。其实大家都应该相互理解，客户方内部结构是比较复杂的，而广告公司的人都是比较单纯的，他们就想做一个很好的作品。但是客户方在买你这个创意的时候，会考虑很多——除了是否能增强品牌外，还会考虑供应渠道上的人会不会喜欢，老板会不会喜欢，如果失败了会怎么样。广告公司不会去考虑这些，而客户就需要考虑。

大创意：但现在客户提出的比稿，其实对创意人来说是有些不公平的——花费了时间和精力，却有可能什么都得不到，并且创意也可能会被“学习”。

Elvis：那就不要参加比稿嘛！

大创意：好的客户对创意本身很重要。

Elvis：这个是肯定的，客户不买单，好的创意也不会出现。我觉得现在的创意人在水平上没有多大的差距，关键在于运气好不好，能不能遇到好的客户。

MINI Countryman 之放牧酒店

大创意：你现在回过头来看“地狱与天堂”会有不一样的感觉吗？

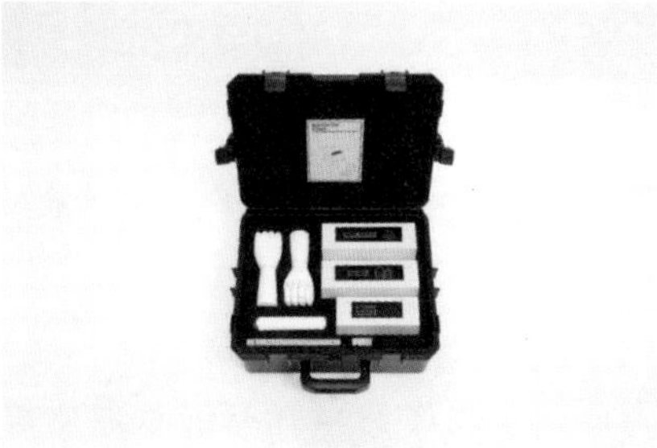

Elvis：没有不一样。其实这个创意不是我想的，是我们的一个同事想的。但我一看到这个创意就特别喜欢。在某种程度上来说，它已经超越平面了，更像是内容。人们是愿意花时间去看细节里面的故事的。

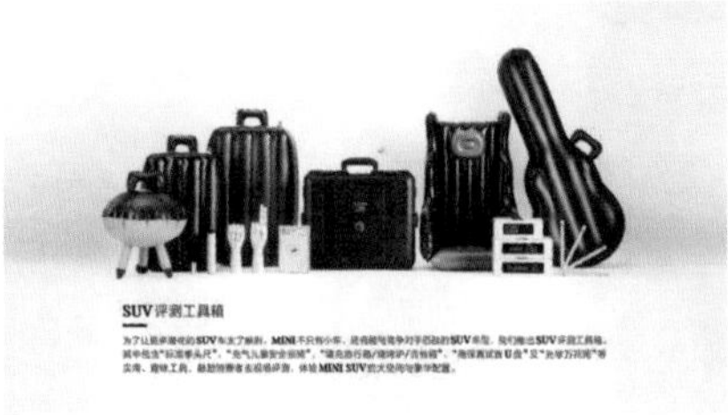

大创意: 现在有最满意的广告作品吗？

MINI SUV 评测箱

Elvis：没有一个最满意的，广告最不好的地方是它有时效性。每一个阶段你都有非常喜欢的，但是过了一段时间就会觉得一般了，这就是广告的限制。即使有那么多经典的广告，一般也都是以广告人的角度，而不是以消费者的角度去看的。我喜欢广告的一个原因就是它一直在改变。我不会刻意去留恋，因为没有太大意义。我享受的是不断地去想新的东西的过程。

MINI Urban Matters 展览

MINI Urban Matters Pop-Up Garden

大创意：现在好广告难得一见，特别是在社交媒体这么疯狂的年代，你觉得这是客户盲目跟风的结果吗？

Elvis：广告不好不一定是客户的责任。社交媒体成本低，有不好的广告是很正常的，但如果客户花了钱，广告还不好的话，广告公司就有责任了。以前，如果客户有一亿的预算，他会全都投在电视广告中，但是现在客户会把这样的预算拆成十份，而广告公司只占了其中一部分。想要得到客户的认同，就要看你能够为客户创造多少价值，如果创造的价值不够高，客户自然也就不会那么重视你了。我觉得这也是现代的广告人应该要去反思的问题，即了解客户的模式，给他想要的东西。

大创意：请你谈谈对大创意的看法和建议好吗？

Elvis：你们让创意人多了一个平台，同时也多给了客户一个方案，但最主要的问题还是怎么去找到有质量的创意人才，这是很重要的问题。

常驻问题

大创意：早午间都在干什么？

Elvis: 早午间都在开会，在家吃点早餐，喝杯咖啡，大概 10 点到公司。

大创意：平时有什么爱好吗？

Elvis：打网球。

大创意：每周都去吗？

Elvis：尽量每周都去，但是我已经停了一个月了，温网是没机会参加了。

Urban Matters 愚园路街道标注设计

大创意：最近有看什么书吗？

Elvis：平时看书比较少，经常会看看新闻之类的。但是最近买了一本书叫《这本书能帮你戒烟》。我一次性买了十本，让公司抽烟的人人手一本，但我基本没打开过。

大创意：这本书里面有个理论说，如果你买了却没打开这本书，其实是你不敢面对戒烟的恐惧。

Elvis：我每次出差都会带着它，但也只是带着而已。

大创意：请帮我推荐下一位受访对象吧。

Elvis：李兆光。

An Interview with Colin Lee

做创意海洋中勇敢的海盗

Colin Lee
新加坡创意人，Ogilvy 上海 ECD，曾就职于 TBWA、BBH、Grey 北京。

大创意 × Colin Lee

当我看完 Colin 的那些经历，最直接的感受是：他对创意的那种情感，绝非简单的喜欢，他分明就是在和创意"谈恋爱"。我之所以会有这样的感觉，是因为我从他的经历中看到了一般人没有的勇敢，而这种勇敢一定源自一种热爱。从最初因为想去广告公司实习而去找别人不敢找的课程主任，到后来为了突破自己的创意瓶颈毅然转行当了三年"空少"，他一直都在做别人敢想却不敢做的事，而做这些事情的原因，只是为了追求自己爱做的事和想要获得的创意灵感。

Colin 有一颗难得的既强大又包容的内心，这一点从他的作品中就能看出一二。Adidas Originals 2015 年最新的广告上线的那天，我和他聊起这个广告。他对我说，去年(2014 年)对于 Original 的诠释更外在一些，今年用了一种不一样的角度去诠释"做自己"的概念。看完之后我对他说：敢于做自己的人，从来都不平庸。直面内心不是一件容易的事情，却能够让你听到自己最真实的声音，特别是在你感觉前途迷茫、怀才不遇、心中委屈的时候。

他的朋友笑称他是个 Monk (和尚)，因为他"三点一线"的生活很无聊。从他的描述来看，他的确算是一个在浮躁的现代社会中深居简出的"和尚"。但我通过他的文字感受到

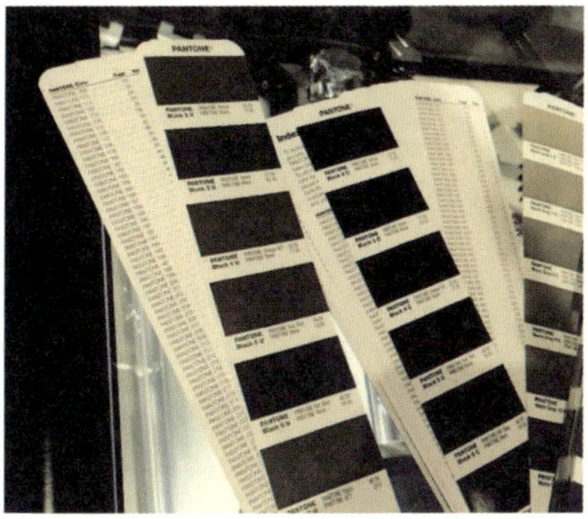

Pantone 色卡

自行车店

的，是比任何人都精彩和富足的生活方式，以及他在这种生活中汲取养料的满足感。

可能是为了要配合Monk的身份，他之前给我发过一句佛语："Your work is to discover your world，and with all your heart，give yourself to it.（你的工作就是去发现自己的世界，并全心全意地投入其中。）"我问他的世界是什么样的，他说："My world is the creative world.（我的世界是充满创意的世界。）"

从Guan把Colin介绍给我起到今天，我和Colin一直以"前脚刚走，后脚就来"的方式错过了几次见面的机会，以至于到现在我们都还是以网友的身份存在于对方的通讯录中，而这一次的采访也是通过邮件的方式进行的。我觉得他除了作品很酷之外，文笔也很好，我相信你们会喜欢他的故事。我要非常不严肃地爆个料，Colin和Guan两位"爱好精确"的好友相约去买自行车，但最后的落点却在Pantone色卡上，而且他们还在卡上的几种颜色中纠结。Colin对我说："We are so particular that we needed the black of the right black.（我们实在是太挑剔了，哪怕是黑色，也要黑得正才行。）"我觉得这叫"习惯性挑剔症"。

大创意：你为什么被大家称为Monk呢？

Colin：这个外号是我工作上的一个好友起的。主要是因为我把自己的日子过得太无聊了，就在公司、健身房和家之间来来回回。我不抽烟，也不喝酒，除了个别情况，很少参加派对。我只在工作之余看书或者纪录片。而且在生活中，我有一种“live and let live（和平共存）”的生活观，所以很多跟我关系近的朋友都觉得我就像个和尚一样在生活。

大创意：17岁时，你通过自由职业的方式挣钱，这期间有遇到一些有意思的事情吗？

Colin：那个时候我的生活很困难，所以不得不一边读设计学校，一边工作。有几次我没钱交电费，就用蜡烛照明，把插画的工作做完。那时候我主要以平面设计师和插画师的身份在工作，所以有很多直接客户，像The American Club、亚洲商业出版社、诗家董（新加坡最早的本土百货公司）等。有时候我会逃课，去完成自由职业的工作。有一次我就选了最不喜欢的一位老师的一堂课逃课，因为她总是在课堂上讲她在欧洲购物、旅游的经历，在我看来，上设计学校是为了提升技能，不是每天听故事。结果我被她约谈了。所以那时候我就一直被当作一个态度不端的学生来看待。

大创意：什么样的契机让你后来选择进入广告圈？

Colin：一开始是因为看了徐佩侃导演的铁达时（Solvil et Titus）的广告，里面的剧情、讲故事的方式、艺术指导以及配乐我都特别喜欢，而且周润发实在太帅了。徐导能在这么短的时间里将创意诠释得那么好，使看的人像在观赏一部速写的电影。当时我就想，如果我以后可以做出这种作品，会不会是件很赞的事情？我被这个广告迷住的同时，也对这个品牌产生了兴趣。这个作品直接、有力又巧妙地说明了这个品牌，我也是从那个时候开始关注品牌这方面的。在开始第二个年度实习计划时，我直接去找了课程主任，那个时候没人敢这样做，因为会被认为是不合适的行为。我说以后想要做广告，然后迫不及待地给他看我在校完成得最好的作业和我做自由职业者时的那些海报和插画，并给他讲铁达时的广告，他当场就说会把我安排到他好朋友的广告公司。一个月之后，我到了 Dent su Young & Rubicam，那是当时除了 Batey Ads 以外最“性感”的广告公司之一。

大创意：刚刚进入广告圈的时候，你对广告行业的认识是怎么样的？

Colin：我觉得前途无量，哈哈哈……并且到现在依然这样觉得。在生活中，我是一个信奉“努力工作”和“任人唯贤”的人。天赋是一方面，但没有专注和坚韧不拔的努力，光靠天赋是没有办法走得很远的。我在这个行业中获得了很多乐趣，学到了很多东西，同时也得到了很多机会。之所以会这样，是因为我愿意努力工作，也愿意牺牲很多个人时间。

大创意：你认为广告的核心精神是什么？

Colin：如果你是在问我为什么要做广告的话，我想说，我相信人类的精神。我工作的核心应该是探索人类的真理，潜藏的人类事实，以及尽我所能，巧妙地传递出我的创意。

大创意：那时候的广告圈和现在的有什么不一样吗？

Colin：我觉得是媒介不同了。现在有太多的方法可以运用到创意中，可以建立品牌与受众之间的联系。科技数码的发展影响很大，同时人的行为也在飞快变化。*Lee Clows Beard* 里面很恰当地概括了这点：媒介变了，但好创意的规则并没有变。我们只是需要想得更快一些。

大创意：初入广告行业时，你有没有遇到一些让你印象深刻的客户？

Colin：我那时候太初级了，基本见不到客户。但是有个创意人对我的影响很深，就是Guan，包括他工作的规范，对技巧的专注，对细节方面的重视，对作品标准的坚持和他的谦虚、耐心。并且他是用心在将一些新人从一个新手引导成一个擅长广告的人。

大创意：在你的广告生涯刚开始时，有没有什么作品让你非常有成就感？

Colin：那时候，我相对来说是个小角色，主要是协助AD，做一些平面广告、设计或者建模的工作。但我都很有成就感，因为我是在为一些"大牌"工作，比如，Tiger Beer 的平面广告、Sony Vega POS、IKEA的平面和商品目录、Toblerone 的模型等。

当时能让我做这些品牌的工作就已经让我很骄傲了，即使只是帮宝马设计一张圣诞卡片。

大创意：你当时是在什么样的情况下发现自己在创意和讲故事方面遇到瓶颈的？

Colin：我那时还没完全掌握品牌推广是什么，为什么有些点子行得通，有些不能。那时我特别害怕提问，在想法创意上也总是出错。这并不像我当初在做插画师的时候那么开心，所以我觉得应该找个方式来让自己成长，用一种更聪明的方式去寻找灵感和想法。

大创意：在决定加入新加坡航空之前，你都尝试过用什么样的方式来刺激创意？

Colin：和所有年轻的创意人一样，我当时翻看各个奖的获奖年鉴，收集杂志，试着去模仿那上面的广告风格，但没有丝毫进展。直到我看到关于 Neil French 的文章里提到，他之所以成功是因为过去有过各种行业的工作经历，让他可以获取灵感。于是我发现获取灵感的途径，一方面是读书，不是看图，更重要的另一方面是生活的阅历。这就是为什么直到今天我都坚信，工作以外的时间要用来体验人生。所以我会在生活中输入各种信息，到了办公室再启动输出模式。

大创意：在新加坡航空的那三年中，有没有什么特别难忘又能启发你灵感的故事或人？

Colin：太多了，我都不知道该从哪里讲起。那是一段非常愉快的时光，而且我从这份工作的本身也学到很多东西。航空工作很好玩，停留时间长，可以有很多时间去逛一个城市。在那段时间里，我做了很多，也看了很多，而工作和旅途的过程中交往过的人和看到的那些东西对我来说是最重要的。我还学到了一点，就是不要把生命看作是理所当然的。有一次从马德里飞往伊斯坦布尔的途中，我们乘坐的飞机右侧的引擎盖因为引擎故障掉了，整个航程感觉像有一辈子那么长。还有一次从新加坡飞往伦敦，我们乘坐的飞机被闪电击中，当时感觉就像是撞进气涡里。到了希思罗机场时，我们发现飞机的表面已经完全焦黑了。我们能安全降落真的太不可思议了，这要多谢三位冷静、专业的飞行员。我还服务过一些政要和 VVIP，包括新加坡的国父李光耀和他的太太，两次！在纽约的时候，我在机组人员的房间里见到了 Richard Brandson，他是个很棒的人，非常有魅力。

大创意：你的偶像李小龙对你有什么影响吗？

Colin：我有严重的先天性贫血和哮喘，

小时候很瘦，而且很容易生病，经常被欺负，是李小龙的态度和想法教会了我如何做人。

因为勇气、约束力和顽强的意志，他才能成功。他信奉“以无法为有法”，是个激进分子。作为一个武术家，他非常好奇，不断进取。他可以算是一个克服逆境的标杆。

大创意：我能从你的经历中看出你是一个非常爱创意和广告的人，你认为好的创意应该具有哪些特点？

Colin：能让人参与的，能与品牌贴合的，有聪明的想法以及漂亮的执行力的，都是好的创意。

大创意：除了你和 Guan 的那个以选择正确的黑色为落点的购车之行，生活中还有哪些地方体现了你这种细致的“强迫症”？

Colin 的笔记本

Colin: 哈哈哈……应该说我们喜欢“精确”。我是一个有条理的人，也是一个爱整齐的人。看我办公桌就能看得出来。

大创意：细致这种习惯会给你带来一些特别的东西吗？

Colin: 当你要以美术指导为生的时候，它真的很有用。

大创意：你到现在还保持着在笔记本上记下自己思路的习惯吗？

Colin：是的，没错。我一般是通过写字、画草图或者剪贴一些东西来开始创意构思的。我是一个视觉感很强的人，所以需要记下或者贴上我的想法，这样就可以一遍一遍地看。我觉得这个过程很治愈，这是我清空大脑的一种方式，以便有新的点子填进来。我的笔记本就像一个数据库，我会用周末的时间专门做这件事。

大创意：你的作品中有太多是我喜欢的。比如森马的“至少我好看”，当初为什么会想到用这样的方式来讲故事？客户对你们的 brief 有什么样的要求？

Colin：和这个品牌合作了两年之后，我们的团队赢得了很多信任。当时这个客户想要在奥运会期间做些推广，但预算有限，所以他给了我们很多自由发挥的空间。当时在我的老板 Kevin Lee 的领导下，团队想好了定位和创意。当时 Kevin 跟我开玩笑说“At least I look good（至少我好看）”，在某种程度上，这听起来像新加坡式的英语，但我们相信这个营销活动的信息不是要文法正确，而是重在对话。这句标语在中文当中听起来是对的。

大创意：曼妥思（Mentos）的广告，无厘头又很有趣，当时是怎么想到要用幻觉的形式来传达曼妥思的关键信息？

Colin：非理性销售是曼妥思的一种推广方式。糖果，除了能带来欢乐和乐趣之外，没有任何其他的好处。我们想去证明那些非常规的乐趣，其中之一可能就是和曼妥思在一起发生的，用一句话来总结这个想法就是“真的很 Mentos”，于是就想用一些炫酷的魔术和曼妥思结合在一起来吸引那些年轻受众。先让他们产生兴趣，然后到曼妥思的官网上来看这些魔术是如何做到的，并且我们也鼓励他们提出自己的有趣的小把戏。

大创意：芬达的平面到现在为止都是你最爱的作品之一，我也很喜欢这个

作品，视觉冲击力和表现力都很强。你当时是在什么情况下做的这个作品？

Colin：是的，我到现在还是很喜欢，因为它的整个感觉与众不同。我做的很多平面都是图像化的操作方式，但这个是通过一种非理性的方式来表达的，在美术设计方面有那种自由奔放的感觉。多数时候我们看到的品牌或是产品都被锁定在画面的左下角，但我们大胆地用整个产品来作为画面中心。创意定下来之后面对的挑战就是找到一种表现它的艺术手法。我花了一个晚上的时间把这个创意执行出来，这样 Kevin 和 Khai Meng 就能在早上看到这个作品了。我当天早上 7 点半还要赶到机场飞往香港，那时候真的非常累，但我觉得是值得去努力的。

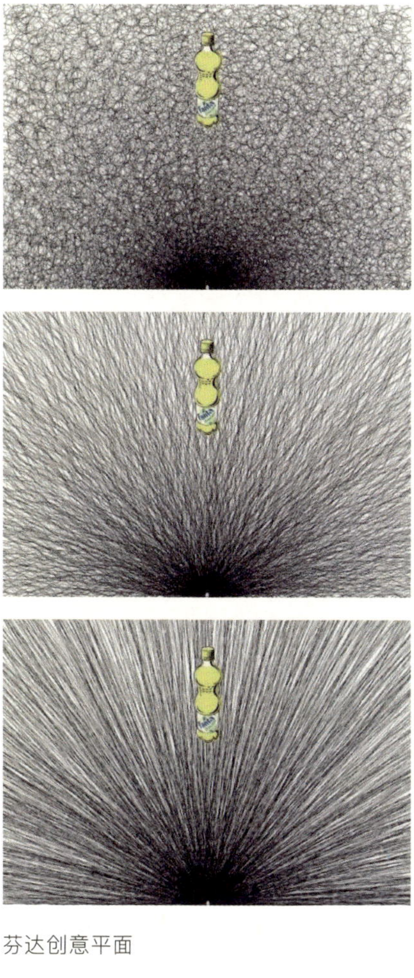

芬达创意平面

大创意：最酷的要留在最后来讲，“这就是我”的广告让我印象很深刻，除了有我喜欢的陈奕迅（Eason）之外，这条广告里讲的态度也是我喜欢的。整体要传递的态度是你们向客户提出来的，还是客户给了方向？

Colin：是创意人员提出的方向。这是三叶草第一次为中国市场做品牌创意，所以想用一种直截了当、感染力很强的传播方式。

大创意：广告中的那些“被别人评价的标签”（太粉、太粗放、太放肆、太浮夸、太假、太女性化、太男性化、太完美……）你们是怎么想到的？

Colin：人们都喜欢评判别人，这是个普遍现象，我们只需要找到那些社会常规偏见的点。

举个例子，因为我的外形和手臂上的文身，很多人就把我看作是那种抽烟、喝酒、混派对的人，海关的人也经常拦下我，检查有没有带毒品或者烟，但我完全不碰这些东西。我们选定了那些经常会被人评判的角色，像有点女性化的男人、很男性化的女生，以及衣着浮夸的Eason，希望年轻人相信自己，做最原本的自己。

大创意：你认为什么样的话题能够在社交媒体上引起关注？

Colin：我不认为一个特定的话题会取得成功。话题都是不断发展的，但不管我们做什么，都需要去感知这个社会上发生的事，或者预知“下一波浪潮”是什么，就和冲浪一样。

大创意：你的作品中有一些很强调态度，你觉得态度是能够引起现在年轻人共鸣的吗？

Colin：这个并不是我的本意，但是大多数有想法或想要表达自己观点的年轻人，都有自己的态度。

大创意：在你的这些优秀作品中，客户起到了什么作用呢？

Colin：我的客户更像是合作伙伴。客户有一些来自内部的挑战，所以让客户感觉到我们是在帮助他们，并且能让他们更上一层楼是最重要的。其实，能得到领导和客户的信任，好作品就能够得以存活。我的客户都愿意倾听，敢于挑战，并且有清晰的思路，不兜圈子，有高标准的要求。他们很尊重我们，也愿意参与，而不是那种“我是客户，所以你去猜我喜欢什么，做出来，再告诉我”。

他们和我们就像是有同样目标的工作伙伴，这也是能够产出好作品的原因。

大创意：你怎么看待客户提出的比稿的要求？你会参与比稿吗？

Colin：可以肯定的是，需要做的事情不会因为是比稿就容易很多。比稿需要提供有竞争力的报价，而大多数情况下，我们可能只是去凑数而已。至于会不会比稿，这取决于那是一个什么样的项目。我通常会做一个情况评估，比如我们需要在这个比稿上花多少时间和精力，以及如果我们赢了之后又要如何去维护这个项目，并让这些作品保持在一个良好的水平上。我相信诚意，而且我的第六感也非常准，如果对方是诚意邀请我们去参加比稿，那我会和伙伴们一起讨论，然后给出我的意见。

大创意：很多知名品牌和创业品牌都看准了“90后”这一块市场，其中一部分的品牌因为想要跟年轻人亲近而放弃了自己原有的格调或者形象。但是在我看来，每一个人都有一颗向上、向前的心，为什么一定要拉低自己去和消费者接触，而不是通过坚持

自己或者完善自己让消费者来亲近自己呢?

Colin：我认为有很多因素导致了这种情况，我不能代表这些品牌。有些可能是在他们的广告代理公司的影响下发生了改变，有些可能是因为不稳定的经济环境迫使品牌采取“丢掉旧的身份”这种釜底抽薪的方法。能够坚持自己并且勇敢自信地说“这就是我相信的，我会坚持自己，负责到底”从来就不是件容易的事。很少有品牌能有像苹果那样的眼界。

大创意: 你认为做社交媒体上的广告，最核心的要素是什么?

Colin：我认为拥有一个坚定的提议和想法是非常重要的。一个好的提议和创意可以在多种平台上传播，同时通过引人入胜的网站、活跃的社交媒体曝光率、各种各样的手机软件、电视广告、视频网站、电影院正片前的广告、户外广告、POS（定制化销售终端）的私人定制（个人主义的发展趋势）等达到和受众群体极好地交流的目的。不管是通过什么渠道，方案的执行都会使提议和想法变得越来越可行。这些渠道都有着独一无二的特色，可以帮助品牌在分享新的视角的同时展示他们的核心价值。

大创意：你觉得现在社交媒体中的广告环境势态如何？有哪些是你觉得不应该出现或者应该得到控制的营销行为?

Colin：我还在上学的时候，一位讲师曾经对一个女学生说，如果她想获得别人的关注，可以裸体来学校，保证迅速红遍全球，但也可以用她的智慧和个人魅力，用正确的方式争取到别人的追捧。现在很多社交媒体上的广告和营销就像《皇帝的新衣》里面的皇帝一样，在实际的效果和品牌风格方面欠缺很多。

大创意：你觉得现在的广告人和以前的广告人有区别吗？区别在哪里？

Colin：总的来说，现在很少有创意人通过天赋和成熟的处事能力来获得客户的认同。早期的广告人有很强大的说服力和理论依据做支撑。新一代的广告人虽然很聪明，但是在"执行"层面有很多问题，在现实生活中也有很多技能缺失。大多数的年轻广告人缺乏耐心、诚信和意志力，对正在做的事情缺乏正确的对待心理。他们中的一些人想要通过拿奖来快速成名，一些人想要通过最小的努力走向人生巅峰。这也许是他们有太多的选择，或者生活中有很多干扰因素的缘故。

一些创意人的确有些才华，但和真正的 CD 的标准还有些距离，可是他们一上岗就想要得到很多，比如要求头衔，在费用上"狮子大开口"，但能力又不匹配。

自我膨胀是一件很让人担忧的事情。有人可能在一个项目里只参与了很少一部分的工作，却对外声称自己的功劳很大。有些人很善于用一些低分辨率的文件在个人作品网站和社交媒体上包装自己。

就像我今天在微信里看到的，一个自由职业者标榜自己在我们 8 月 15 号上线的 2015 Originals 的活动中的功劳，但事实上他只是帮忙修改文案的译文，参与这个项目的时间最多只有一个星期，最终客户买的脚本也不是他写的那个版本。

大创意：如果让你给刚刚入行的新人一些建议，你会说什么？

Colin：创意是一种个性化程度很高的工作。我们不是艺术家，但要像艺术家一样工作。我们应该有不按套路行事的创意，但是面对客户和品牌又要有一定的成熟度和理智。最重要的是，我们有义务用我们的智商和情商，巧妙地为品牌和受众建立联系。创意是可以广为传播，也可以感动大众的。作品本身如果要变得更好，就需要释放内在，也需要有高度的自我批判和自我要求的精神。

这种工作需要很大的努力，要能够守承诺、付出、全身心地投入和不懈地努力。我有幸为很多很好、很厉害的创意人工作过，而且他们中的一些人已经成为我很好的朋友和导师。我见过他们工作时有多努力，这不是很容易就能做到的，但是如果你是一个真的创意人，就会发现“搔创意的痒”是一件多爽的事。

问问自己，为什么在客户的brief中有那么多条条框框的情况下，在持续不断地面对挑战的情况下，在日复一日加班熬夜的情况下，你还是愿意做一个创意人？

保持耐心、谦虚，并且内心有所渴望，找到发挥你天赋的方法，跟它死磕到底，并成为办公室里最勤奋的人。有些人会成功，有些人不会，有些人会乐此不疲，有些人会怨声载道。但是不管怎么样，你要选择做让你开心的事，因为当你有一个好的心态的时候，总会出现更多更好的机会。广告之地并没有看上去那么荒凉，它只是在转型，所以只有随之进化的人才可以生存下来。最后，从失败中学习。让这些失败的经历成为一节节课，通过学习让自己成为更厉害的人。李小龙不是只在街上打了一架就成为拳王了，实际上他输了很多次。

大创意：你对我们大创意项目有什么建议吗？

Colin：我认为大创意是一个非常鼓舞人心的平台。它可以让广告人和做市场推广的人分享他们的想法和经验。

我非常希望通过这样的努力，可以让创意人在这里的作品走向一个新的高峰。如果只有少量的广告公司和创意人能做出好的作品，对行业来说并不是一件好事。这个行业需要集思广益，以一个能够产出优秀作品的整体，来让整个行业形成健康生态。

常驻问题

大创意：早午间你都在做什么呢？

Colin：工作日的时候，我一般都在开会。早午餐时间我会用来回顾我的一些创意，因为这时候我的头脑最清醒，当我需要独立思考一些问题的时候，从早餐时间到 11 点左右是个不错的时间段。有些时候我也会专门留出时间吃早餐，趁机把一些创意重新梳理一下。但大多数的中午都是在开会，所以我会在一天结束之前留点时间给我的创意团队。

大创意：平时有什么爱好吗？

Colin：平时我没有太多时间留给自己，有时间的时候，会去健身、打拳击或者骑车到城里去买杯咖啡当作是周末消遣。看书、看纪录片、买玩具也是我的爱好。

大创意：最近有看什么书吗？

Colin：Rolf Dobelli 的 *The Art of thinking Clearly*，Dan Señor 和 Saul Singer 的 *Start - Up Nation*。

大创意: 请帮我推荐下一位受访者吧。

Colin：Legas Delaney 和 Kevin Lee。

An Interview with Kevin Lee

打破常规做创意，坚持原则做生意

李兆光
马来西亚创意人，曾就职于奥美、JWT、BBDO、Gray、Leagas Delaney 上海等知名广告公司，现任 logicillogic 的 ECD。

很多时候，你所认为的，可能并不是客观存在的，这是我在整理早午间录音时经常会有的感受。在聊天的时候我以为我是用一种知性、优雅的语调在提问，但当我作为听者重温当时的对话时，真的很想和自己绝交。

Kevin Lee 这个名字，多次被其他受访者用作“请推荐下一个受访对象”的答案。出于好奇，我翻看了他的作品，然后就不由自主地“认为”了他的整体风格，直到我在 ONE SHOW 的活动上正式“逮”到他才有所改变。

抱歉我用了“逮”这个字，其实当时他并没有要逃走或是示意我要追赶他之类的举动，只是我觉得我风风火火地冲过去，拉住别人就开始介绍自己的这种粗暴行为，很符合“逮”这个字。但是按照前文提到的逻辑来看，我也有可能是优雅、知性地“飘”过去的。

我并不觉得在掌握确定的情况之前，以主观认识去猜想是件不好的事情（除非你把自己的猜想当作结论），因为猜想过后，才有突破猜想的可能。无论现实是超乎你的猜想，还是与你的猜想背驰，统统都算突破。有了突破，剩下的就是等待收获惊喜。就像我对 Kevin 的认识过程一样。

大创意 × Kevin Lee

Kevin 本人给我的感受，其实从第一次见面一直到我们在上海聊天结束，都在不断地刷新我的认知。

最初见面时，我感觉他是平易近人的好好先生；

聊到新鲜事物时，我感觉他是活跃到根本停不下来的孩子；

整体梳理一遍他的经历，我发现他就是“人生重在体验”论的代言人；

而他在体验的过程中，又不断地在尝试新的冒险；

同时，他还是打破常规做创意，但坚持原则做生意的广告人……

虽然对他的认知一直在变化，但是我所看到的所有的“他”都有一个共同的属性——开心。无论是会被新鲜事物刺激到停不下来的时候，还是乐于追求、疯狂投入的时候，或者是刻意置身危险的未知环境中迎接新冒险的时候，他所传递给我的态度，无一不是乐观开心的。

创意被客户“杀”掉，生活也还要继续；遇到难缠的客户，总有办法沟通;遇到值得投入的比稿,即便是输了也没关系。

其实所谓创意,就是要突破常规、拒绝平庸、超出人们的预想。而我们之所以追求这种突破的原因在于:多数时候,常规的、平庸的、惯性思维的东西,很难让人开心起来。

大创意:当时为什么会想要从事广告工作?

Kevin:我是学插画和广告的。毕业后我问父亲能不能在他的公司里腾出一小块地方给我做插画工作室,当时的想法是:反正自己还很年轻,可以闯一闯,哪怕失败了也可以重新开始。

一开始那个插画工作室只有我和我的搭档,后来发展到差不多有15个人。在做插画工作室的过程中,我接触了一些广告公司的ECD,发现其实插画相对于创意来说算是比较靠后的一个阶段,而我对想创意、想概念更有激情。后来我就把工作室留给了我的搭档,找到一个ECD说:“你给我一个机会,让我进入广告公司学习,不管做什么,钱也不用谈,能让我学东西就行。”那个ECD就把我介绍进了一家很棒的独立广告公司。

大创意:那个时候你眼中的广告行业是什么样的?

Kevin:进入广告公司之后,我整个人都很兴奋。当时我在公司里学摄影、排版,那时候就是单纯地觉得广告很好玩，觉得是客户出钱让你去做你想做的事情。

大创意：我听说你很喜欢电影，你觉得电影给你带来了什么？（这其实是一个话引子，Kevin 根据这个话题，散射式、概括性地向我讲述了他来中国的契机，以及到了中国后如何与电影结缘，同时，也简单明了地展示了自己的人物性格。）

Kevin：我觉得这也是我来中国的一个原因。我是一个停不下来的人，对很多新鲜的东西都很有兴趣，我觉得这一点无论我到什么时候，都是没办法改变的。我喜欢插画，从插画中学到很多东西。我做广告，也在广告中吸收到很多东西。当时也是机缘巧合之下我到了北京，觉得北京很漂亮，电影也好看，完全把北京当作第二个家了。那时候一下班我就经常和李蔚然、谢振宇、耿乐一起玩，一起聊电影。后来我甚至考虑去学电影，谢振宇就说："反正我们是学校的老师，不然你就跟我们一起吧，也不用专门去学了。"那段时间几乎每天都是电影、音乐、后期制作这样的内容围绕在我身边，我当时整个人都很兴奋。

大创意：后来你也拍了自己的作品？

Kevin：对，当时的导演资源并没有很多。我觉得，如果要做好一件事情，就需要具备做成这件事情的一些能力，这其实是我个人比较傻的一种想法。当时想如果没有导演帮我拍，那我就自己拍，而且如果自己去拍的话，我原本的创意也不会被一些不好的导演"杀掉"，所以那时候就很疯狂地跟着李蔚然、谢振宇他们去学。

大创意：你觉得是什么原因让你愿意留在中国？

Kevin：我喜欢去探索中国的文化和元素，因为中国的历史文化真的太丰富了。我希望能找一种方式将传统的中国元素通过我的作品，用一种全新的方式诠释出来，那样会让作品更加独特。而且我喜欢上海和北京的多元文化，可以从不同国家的人身上学到东西。你走进一家餐厅，看到不同国家的人坐在一起吃饭，那种感觉是很棒的。加上中国的快节奏，使整个市场都在不断发展，一个创意在今天能用，但可能两年之后就过时了。正因为这样，我必须不断提醒自己去做出变化以及学习新的东西。再者，我喜欢和这边的年轻人一起工作，他们很有趣。有些年轻人说："没有逻辑就是逻辑。"我很喜欢这个说法，就像是让无厘头有理一样。

大创意：你觉得好的创意是否有一定的标准呢？你是多个广告奖项的评委，那么在你眼中能够吸引你的创意都是什么样的？

Kevin：首先，我觉得创意是没有标准的，同时创意也是没有固定公式的，因为创意本身就是为了要打破常规。对于一个创意来说，原创性和新鲜感是最难得的。

大创意：你觉得优秀的创意人要具备什么样的素质？

Kevin：我自己将做创意的人定义为两种：1. 懂人的人；2. 不懂人的人。如果请不懂人的人去做创意是做不到的，也没有办法去教他，因为好的创意很多都是来自对人内心的洞察。我愿意和那些热爱工作的人一起工作，我觉得光有激情是不够的，因为激情和热爱之间还是有些差别的。如果你无条件地爱一件事，那你就会一直不断地去做，直到你老。另外，我还喜欢和那些疯狂的人一起工作。

大创意：从消费者的角度来讲，对于一些特定的广告已经产生条件反射了，比如穿白大褂的医生不是做牙膏广告

的就是做洗衣粉广告的，似乎现在的广告创意也跳不出一些看似既定的框。你是如何看待这种现象的？

Kevin：这个我有研究过。一般创意人如果面对的是一个自我体系比较严谨的客户，那就比较容易产出这种创意。人都是习惯生活在惯性思维里的，生活中80%都是这种惯性思维，到最后自然就很难走出惯性思维的圈子。消费者是这样，客户也是，但对于创意人来说，这种惯性思维其实是危险的。创意人应该每天都做不一样的东西，来保持一种创意的状态。而要做到这样，就要不断地去接触新东西，不断地去看，吸收新的东西来冲掉之前的认知。放下自我，忽略掉那些让你觉得舒适的或者其他会阻碍你追求梦想的东西。一旦做到了，你就不需要再跳出思维的盒子了，因为你早把盒子扔了。

大创意：除了惯性思维之外，客户也习惯去走保险、安全的路。对这个现象你怎么看？如果一个客户对于大胆创意的接受度有限，你会选择去说服他吗？

Kevin：在我看来客户可以分为两种：一种是意见领袖，一种是意见跟随者。我们在面对客户的时候，需要用对的信息去和对的人沟通。意见领袖是很敢去做的，也很有想象空间，他们会去想自己的品牌应该成长成什么样。那些创始人，他们的胆子非常大，因为对于品牌有自己的远见，所以他们敢去尝试新的东西。但如果是意见跟随者，他们就没有那种思维和胆量去改变。如果你一味地去推他，他辛苦，你也辛苦，到最后还是没有用。这是广告人需要自己去平衡的问题。

我的心态是：如果你“杀”了我的创意，我不会觉得伤心，如果有多出来的时间，我可以做更多的东西给你。但如果我做了10次你都不买单，那就不是我们的问题，而是你接受能力的问题。我把我全部的能力都放进去，如果你还不接受，那我还能做什么呢？所以我和我的搭档对于客户都是精挑细选，因为与其花时间去说服一个你可能拿不下的人，不如去跟那些和你有同样的远见的客户聊更有意义。

大创意：在客户方面，也有另一种存在，他们对于自己想要的东西有一个内心期待。在和广告人沟通的时候，他们会简单提到自己大概要一个什么样的东西，却没有办法把脑中的雏形完全描述出来，但那个雏形早已经在他脑海里形成了一个标准。于是在沟通完之后，他们就开始期待广告公司能够做一个可以超越他们脑海中标准的东西。

Kevin：我觉得什么样的客户都有。这样的就属于不够自信，也不够信任他人的那种。对于客户市场部的人来说，一个公司是否倒闭跟他们没有关系，他们只求在自己的岗位上做到最好。这种心态和创始人看着品牌在成长的心态是不一样的，所以需要创意方和客户方有同样的远见去打造一个品牌，而不是一方给创意，另一方单纯地看这个创意是不是有意思。好的创意是能帮他们解决业务问题，以及达到他们想要的业务目标的。

大创意：还有一些客户，看到别人在做“人生态度”的创意方向上略有成效，于是自己也想要走人生态度。但有的品牌，就调性而言，不是很适合讲人生态度，但客户坚持，这些广告做出来就只是取悦了那个决策者而已。对这一现象你怎么看呢？

Kevin：其实这部分很重要，基本上能看出公司会不会做品牌。像现在我们在机场看到的各种汽车的广告，看完之后就会忘记哪一个车是哪一个广告，又是哪一种态度，因为他们全都在讲人生态度。而且消费者不见得喜欢一个品牌来告诉自己应该用什么态度活着。一个品牌应该要好好了解消费者，让他喜欢你，而不是跳出来教育他应该活在当下，或者是活在什么地方。说教看多了人是会烦的。每个人天生都有抗拒性，就像小孩一样，你让他做什么，他偏不做。作为品牌，应该找到消费者喜欢的东西，想办法走进消费者的世界。

不是别人做什么我也要做什么，而是要去寻找自己品牌的根源，建立一个清晰的品牌观，想想自己的品牌到底能为消费者提供什么样的价值。

大创意：一般在提创意的时候，可能一个创意本身很好，客户自己也认为很好，但是总会觉得自己的消费者没有那么聪明，接收不到创意传递的信息。所以就一改再改，最后把一个原本聪明的创意改得面目全非，投入到市场中后，被消费者嗤之以鼻。你怎么看这一情况？

Kevin：我觉得一开始去做调研的时候，了解人是很重要的。因为好的广告一定是从好的洞察开始的，洞察是可以和人产生共鸣的。有些客户觉得自己的消费者不够聪明，但我觉得这种认识应该相反。卖东西给消费者，就应该去主动了解消费者的世界，而不是你喊个口号消费者就要听。要和消费者产生共鸣，让他喜欢你的品牌，就一定要花时间去了解他们。广告要和消费者产生共鸣是不容易的。以前卖肥皂，一提到洁白，大家就会相信，用久了这个概念也是行得通的。但是现在年轻一代的消费者，都不是那么简单就能被说服的，因为他们每天接触的信息太多了。现在的社交媒体，只要有品牌在，大家就不想看了。以前这些品牌出现在电视上，消费者没办法，不得不看，但现在在社交媒体上，你要是不迎合消费者，他们自然就会选择屏蔽掉。所以我觉得客户一定要相信自己的目标消费者，也一定要了解自己的目标消费者。

大创意：接下来是我比较关心的问题，了解到您之前在4A工作过很长时间，最后为什么会选择从4A出来呢？

Kevin：其实我从进入广告行业的第一家公司出来之后就一直在4A工作。4A给了我很多很丰富的经验，比如在奥美时学到很多东西，看了很多客户，也去了很多国家，吸收了很多内容。但是在这些经验里面，有一个是我从来没有体验过的，不是从4A到一个独立广告公司的经验，而是作为一个经营者的经验。我的父亲是一个商人，他经常说，他的那个领域是我没有经历过的一种体验。所以我从4A出来之后，就希望能自己经营一家公司，多辛苦都没问题，我想看自己在一个很困难的环境下怎样去生存。这是一种读书读不到的经验。

其实我在奥美的第四年，遇到一个很好的搭档，就是当时的文案，那时跟他讨论我们未来的价值是要一直做下去，但不可能拖着那么大的团队去奔向自己的梦想，所以我就来了LD。虽然那时候一切都是空白的，但我相信，把自己丢在一个陌生、危险的环境中，一定会激发出很多想法。最终我决定照着自己的想法去尝试一下，没有尝试过就不知道是会失败还是会成功。在这四年时间里，我去日本考察，跟日本的一些好的公司合作，跟世界上一些优质的小型公司协作，互相学习。我觉得只有在你去琢磨的时候，才有好的团队愿意跟你合作。

当你有了自己的团队的时候，就会用自己内部的资源，但当你的团队到达1000人的时候，你怎么能确定你团队内部的资源都是好的资源呢？我认为如果团队小的话，就可以去和外面的团队学习，向最好的公司学习。这样，我就不会有一定要用自己内部资源的负担。因为当内部的资源不是世界顶级的时候，你所呈现的作品也是有一定的水平限制的。

大创意：离开 4A 后，你面临的最大挑战是什么？

Kevin：最大的挑战就是成为一个经营者。这完全不在我的舒适区里面。在 4A 里面，当职位越来越高，收入越来越多的时候，就会进入一个舒适区。但如果离开这个舒适区，我可以去做新的东西，可以去思考、去琢磨，这才是我想要的。成为一个经营者之后，你可以去管控自己，就像 Tim Delaney 说的："Write your own destiny（写自己的故事）。"而不是帮别人去写，这可能会更辛苦，但是更值得。

大创意：你觉得一个人开始写自己的故事之前，需要有一个所谓成长积淀的过程吗？

Kevin：我觉得不需要。我在离开 4A 之后才发现，在日本公司里，很多人从 20 多岁就开始写自己的故事了，有的甚至十几岁就创办了自己的公司，而不像我们，在经历了一段时间领悟才开始。我觉得这两种方式不分对错，但需要了解的是，世界上有很多人在很年轻的时候就已经开始了自己的事业，并且做得很好。

大创意：对于中国的市场来说，你其实算是一个世界人，你对于中国本土客户的看法是怎样的？

Kevin：其实和很多人相反，我是喜欢本土客户的。很多国际客户来到中国之后，有太多负担——主要是来自集团总部的压力，因为集团本身有一套既定的体系，来到中国又有一套中国的体系。我在听 TED 的时候，听到这个世界上有两个体系，一个是西方的体系，而另一个并不是亚洲体系，而是中国体系。我觉得一个国家有自己的体系是一种很强大的表现。而一个国际品牌来到中国进入到本土体系之后，肯定有很多摩擦，这是合理的。

但同时这种摩擦也会“杀”死好的创意。然而，创意是需要自由的。我很喜欢和公司的创始人去谈，了解他对整个品牌的观点，他们大多数都是非常大胆和聪明的。他们知道如果自己不做大胆的东西，那就会“死”，跟随体系的话就完蛋了。所以跟他们聊天，我都会很兴奋，也能从他们身上汲取到新的东西。他们能把生意做大，身上是有很多价值非凡的东西的。

大创意：你是怎么看待比稿这件事的？

Kevin：我们不经常比稿。我们很注重一个即将合作的客户是否能和我们产生化学反应。客户找到我们，一定要对我们有一定的喜爱，我们也要了解他们和我们合作希望得到的是什么。当你为一个品牌服务的时候，必须投入120%的精力去帮助他们把这个品牌建立起来，而不是像有些广告公司的CEO或MD那样为了满足每年的营业额而盲目比稿。这种现象已经影响了整个行业，甚至目前是整个行业中最糟糕的一部分。

大创意：中国的比稿环境你怎么看？中国当下比稿的环境其实不那么理想，一是没有比稿费，二是存在一些暗箱操作。没有比稿费，就好像让五个厨师炒菜，然后挑你觉得最好吃的付钱，其他的就不要了。对于创意人来说，比稿的前期也投入很多，一旦比稿，这种投入就可能面临完全没有回报的情况。

Kevin：当然最好是有比稿费。我觉得从中国的大环境来看，一定要有信任在里面，尤其是像我们这种小型公司，是经不起一直消耗能量的。所以我们一定要思考一个比稿是否值得投入，如果真的值得投入，那即便是输掉也无所谓。因为比稿不是输，就是赢，输了就代表我们判断失误或者别人的创意比我们好。

大创意：分享一个最让你头疼的客户经验吧。

Kevin：最让我头疼的就是那种很跋扈的客户，认为一切都是广告公司的错。如果遇到这样的客户，我认为也没有必要跟他合作。分开的时候，我也一定会清楚地告诉客户他错在哪里，我觉得这是作为一个广告人应该有的尊严，不是他骂完了之后决定要不要我们做，而是我们来选择要不要跟他合作。这样才会有更精彩的故事，而不是被骂之后觉得广告行业没希望了，就离开了。带着这种心情再做下去，我觉得也坚持不了多长时间。我们有一个原则：在一个客户身上，我们一定会疯狂投入，但如果在疯狂投入之后还被骂，那就不要做了。

大创意：跟我们分享一下三角巧克力的那个案例吧。

Kevin：这是我进入 LD 之后的第一个项目，我去的时候，整个项目已经做到一半了，客户也已经投入了一半的费用，但之前一直都是一些兼职团队在做，他们拍出了三个平面广告，但我认为很烂。我看了后并不觉得生气，而是觉得这样的作品是不能拿去给客户宣传的。当我带着这三个平面第一次见客户时说："现在这个作品不好，我必须要道歉，但如果你们可以多给我两周时间，我们重新来提一次案，我向你保证，我们可以做得比现在好。"我们再去提案的时候，客户很兴奋，唯一担心的就是之前投入的那部分费用。我告诉她不用担心，这都是我们内部应该去抵消掉的。这个活动，他们大概用了一年半到两年的时间。这个案例的过程是很辛苦的，也找了很多人来帮忙，才将整个项目做出来。

大创意：这个项目本身是想要传递什么样的信息？

Kevin：其实集团想要传递一个"Thank

Toblerone
感恩节活动

you”（谢谢你）的概念，因为要在Thanksgiving Day（感恩节）来做这个活动，时间上也有一定的压力。但在中国我们觉得单纯说“谢谢”是不够的，需要带有心意。比如做一些东西给你的朋友，当然做这个东西肯定需要用客户的产品来做，于是就有了这个拼图的概念。当时的目的其实很简单，就是每个人在互动网站上上传自己创作的拼图，一朵花或者其他东西，之后会有提醒告诉参与者，如果想要把这个东西送给你的朋友的话，我们可以帮你制作出这个拼图，然后送给你的朋友。我们自己执行的时候也很开心，在这些上传的作品中看到了一些很感人的故事，于是我们把这些素材搜集起来去做一些内容的传播，把整个“谢谢”的题材做得更完整。

大创意：在社交媒体上，你认为什么样的内容更能吸引消费者？

Kevin：可以从两个层面来看这个问题：一个层面是你的内容是不是强大、有意思、有娱乐性，这是很重要的，其实并没有是不是“病毒视频”之分，别人愿意分享，它就是一个“病毒视频”；另一个层面就是，和自己有关的领域，社交媒体的平台就是让大家展现自己的自豪感、个性等，如果看到一些东西是跟自己有关的，能够体现自己的，他会更愿意去分享。当然我觉得这也是一直在变的，没有一个固定的公式，因为没办法摸清楚全球人或者全中国人的口味是怎样的。

大创意：“Run Free”的视觉很抓人眼球。这个项目背后有没有什么特别的故事？

Kevin：这其实是我在JWT的一个brief。有的时候做一件事情需要很疯狂的状态，甚至不睡觉，一直去想，很疯狂地投入。当时我梦到了那个画面，不过是黑白的。起床之后，我就立刻把草图画出来了。“Free”这个鞋子发布的时候，香港刚好要举办马拉松，我们就找了很多艺术家来做这件事。虽然过程很辛苦，但是这个项目真的让我学到太多了。

常驻问题

大创意：你平时有没有什么爱好？

Kevin：很多。因为颈椎的问题，我一定要去游泳，在温度比较低的水里面游，会让你整个人都清醒。我还喜欢和小孩玩，从他们身上学一些新鲜的东西。这是我一个最新的爱好，可以从小孩身上学到很多大人已经失去的敏感和创意方面的东西。看电影、看书、听歌、旅游、摄影……真的太多了！

大创意：有没有什么书可以推荐给大家？

Kevin：我喜欢看一些可以改变人生活的书，我觉得一定要看的一本书就是 *Simplify your life*。

大创意：可以帮我推荐下一个受访者吗？

Kevin：杜海航，一个在中国做互动做得很酷的人。

NIKE-Run Free

An Interview with Sanji

对得起消费者的注意力

Sanji
TIMA 创始人。

虽说 TIMA 刚刚创立三年左右，但已经产出一大批为人称赞的作品——《中秋宫略》《天猫超级品类日——大米进化论》。在去年（2018 年）的“天猫双 11”活动中，TIMA 也给我们带来了玩到停不下来的《双 11 降魔传》。我们这次采访到了 TIMA 的创始人 Sanji，他和我们聊了聊对和天猫合作的看法与感受。同时，作为创意热店中的新星，Sanji 也和我们分享了他们有趣的“鸡”文化，以及在当下环境中，他们的生存之道。

大创意 × Sanji

大创意：开始之前我想问一个问题，你的名字为什么叫“三鸡”？

Sanji：哈哈，这是我喜欢的一部漫画角色的名字，另外 TIMA 实行的也是“鸡”文化——这种文化应该是来自“祖师爷”大卫·奥格威的那句“We sell or else（一切为了销售）”吧。所以我们在很多人离开这个“出来卖”的行业后，还是坚持做有理想、有道德、有文化、没纪律的“鸡”。

TIMA 的“鸡”文化体现在公司的方方面面，包括业务和未来的创意产出内容，比如“博鸡”“鸡动”“鸡精”，等等。别叫我们“广告狗”，我们是“广告鸡”！对于“卖”，我们是认真的。

大创意：好吧！请问三鸡，你们和天猫合作有什么感受可以跟我们分享一下吗？

Sanji：天猫是我们的一条客户线，我先从我们接触到的和理解的业务性质说起吧。众所周知，天猫是一个沟通买家和卖家的销售平台，它的产品并不是销售的货品，而是“搭建沟通方式”。所以除了“双 11”“双 12”“年中大促”等活动之外，还会出现如“超级品牌日”“超级品类日”“超级国家日”等活动，天猫市场部与其他公司市场部的不同之处就在于他们需要像产品经理一样孕育这样的产品，借此来搭建买家和卖家各种沟通的可能性。正因为如此，他们的市场部门并非是一成不变的，而是会不断分化出新产品、新部门的。比如我们知道的“奇妙研究所”“天猫 DISCOVERY”等，都是在不断分化的过程中产生的新成果。这些产品对商家都有很好的品牌宣传效果和相应的带货作用。这种不断进化的属性自然需要和不断求新、求变的创意团队进行合作，TIMA 与天猫正是在这样的前提下展开合作的。带有市场属性的产品性质，决定了它没有一个绝对定性的打法。但是天猫每次的市场活动都借用自身及全系资源直接导向购买环节，所以他们在营销活动中占有更大的话语权。于是，在每一个新项目的起始阶段，商家都会带着资源主动来参加——杭州的阿里西溪园区接待处总是热闹非常。比如去年开启的“天猫小镇”项目，就已经吸引许多品牌前来洽谈合作意向了，可以想象，这么容易达成的多方品牌联合，会产生出无限可能的创意玩法。遇到这样的客户对于 TIMA 这样的创意公司来说无疑是最让人兴奋的机会，也是不歇不止的挑战。

大创意：TIMA 的很多作品都极具创意，在出作品前你们会有一个目标或预期吗？

Sanji：不会！TIMA 的小伙伴大多来自奥美等 4A 公司，所以一开始会考虑很多，大家习惯了做策略、媒介、创意、执行、投放等，在小公司做创意难免会有些不甘心和不适应，总觉得要做更多的事情。但大家会慢慢把视线集中在创意这个核心上，甚至连执行都身体力行。这是因为我们意识到在现在的营销环境下，和以往策略决定创意不同的是，传播的胜败往往更多地集中在最后的呈现甚至制作物上。

而在具体的项目中，我也要求大家不要对结果考虑太多。原因是一个所谓刷屏的作品，其决定因素太多，而绝大部分因素不是由我们决定的，也不是由客户的决策或媒介的投放方案等任何一方面决定的。就算数月的努力换回一分钟的刷屏，但很快就会有新热点刷新覆盖，一切归泥，似乎也不值得为此付出创意人宝贵的精力。我记得姜文在接受采访时说过："这部电影我付出的时间，我付出的生命是真的，我得对得起我这几年的生命。"这就是我们做事时的态度。既然要付出几个月的时间去研究人性、思考创意、创作作品，最自然的动力就是要为这几个月的时间负责。于是有很多作品出来后，会获得很好的口碑和客户的喜欢。

大创意：与天猫的合作和与其他品牌的合作有什么不同？

Sanji：除了跟大部分互联网公司一样有短、平、快的特点之外，还有两个比较明显的特点。

一是限制比较小。或许是因为天猫市场部负责人有很多是来自代理公司的创意人，又或许是在前几次合作过程中建立的相互信任的关系，TIMA 跟

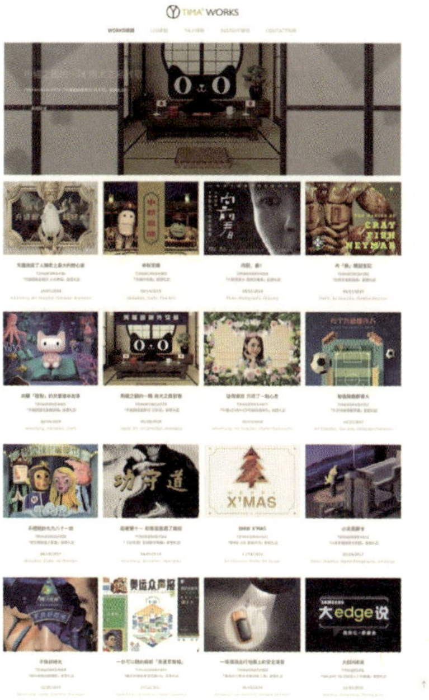

天猫的合作效率非常高。一般来说，前期客户会给比较明确的项目背景、合作资源和核心信息，接下来的创意形式、传播策略和具体执行基本都会给充分的发挥空间，并在一两次的详细沟通后确定下来，为短、平、快的传播创造相对正常的执行条件。很多广告公司会抱怨，在现在纷杂的市场环境中，又得不到具体的brief的情况下，难以做到高效率的创意思考和内容产出，但这对TIMA来说恰恰是很好的机会，我们需要做的或许只是转变心态。因为天生自带互联网基因的客户很清楚，如今的营销环境早就不是一条TVC、一句洞穿人心的标语或一幅制作精美的画面能够决定的。

比如最近TIMA与天猫合作的几个项目，无论是创造一个精选全球好物的“喵星人”外交官的“理想生活外交部”，还是制造一场后宫月饼争宠的“中秋宫略”，都是截然不同的创意形式和角度打法。二是会有可以产出基本质量作品的预算保障，当然也并非足够宽裕。我想一方面是因为客户本身多年的市场营销的积累，使得内部各部门之间产生了良性竞争，所以客户和我们都抱有创作更高标准的营销案例的动力；另一方面或许是因为活动预算和活动资源有一部分由合作商家主动提供，所以三方面的意愿契合，使得大多数项目可以在比较合理的周期和预算内完成。当然跟我们理想中的能够做到更好的条件相比，无论预算还是时间，都永远是很紧张的状态。毕竟“TIMA”这个从冰岛语中来的单词，本身就意味着时间和金钱的束缚与对理想状态追求的意愿之间永远的矛盾。

大创意：您对“年轻人”的沟通方式以及洞察方面有什么看法？

Sanji：作为“80后”听到“年轻”都有点敏感了，哈哈。“年轻”更多的是指一种行为习惯吧。互联网会把人们的所有个性行为都最大化，却也放大了人类的群体性和趋同性。所以从这个角度来说，所有生活在互联网里的我们，在大多数方面都是更容易互相理解的。而广告人，经受过专业训练，对于不同人的观察会更加敏感。就好像一个普通乘客不会注意到出租车司机除了无法按照身体需要的时间去上厕所之外，还有因为没有固定时间、固定位置而无法发快递和订外卖这样的困扰，但一个创意人、一个电影编剧，或一个作家就会注意到。TIMA在筹划建立一个消费者洞察库，名字叫作“鸡精”，旨在搜集和分析人性，希望未来会在公众号陆续上线。对于“年轻人”的沟通方式和洞察，我觉得比较明显的一点是保持开放的心态。有自己看问题的态度，不代表我们要戴着有色眼镜去看任何事物。这意味着一方面作为创意人需要很感性地对新事物有更大的接受度、宽容度；另一方面，在从事创意创作的时候，又要很理性地保持对热点的警惕。我一直觉得，广告人作为有质量的内容输出者，需要对产出作品的价值观和社会责任感负责。TIMA不提倡为追热点做不择手段和没有营养价值的内容。

我曾经跟人分享美籍华人吴修铭的一本书《注意力商人》。它揭示了广告人的本质就是注意力商人。注意力商人是在销售用户的注意力，抓住了用户的注意力，就抓住了商机，所以用户的注意力在哪儿，我们就要把创意做到哪儿。TIMA 坚持的是不抢夺用户的注意力，而是借用和吸引，同时要对得起这个注意力。也就是说，在借用完注意力还回去的时候，要让对方觉得借得值得，这样才能做到“有借有还，再借不难”。

借用注意力的方式有很多，TIMA 内部也做过“注意力研究所”的分享和讨论。我们讨论出的其中一种方法叫作“知识创意”：用户不喜欢看广告，却大多愿意为知识付费，然而现实中的大多数广告只是没有营养的叫卖。为何不让用户在观看你的广告的同时，又能获取一点儿知识呢？TIMA 最近为天猫超级品类日创作的“大米进化论”，就把《人类简史》中“植物驯化人类”的观点用在大米这个人类赖以生存的品类上，用户借给我们两分钟的注意力，得到的是一个人类进化观点和饶有趣味的“米”开朗基罗、“米”字旗、“米”浆传信等人文历史故事，这两分钟算是值得的。

大创意：除了创意内容方面加入更多知识，您觉得现在做创意方面跟之前有什么区别？

Sanji：如果是说对广告创意概念的理解，确实是有很大不同，我有两个心得：

1. 创意无处不在。这句话很多人说，包括很多行外人，但是有人真的用到广告创意中来吗？如果我们站在广告的参照物上，创意是一个相对狭窄的小概念，可如果站在创意的参照物上，广告反而会变成一个更加狭窄的概念。而现在的环境，正是创意手法更加重要的时代，如果我们放宽眼界，任何东西都可以变为创意内容，也都可以为我们想要传递的信息服务。这就是为什么民间高手——花店老板会写出“你的情敌已经订花了，你还在打王者荣耀”这样的文案，“明和电机”这样的民间技术宅组织能把自己的创意小发明“电音蝌蚪”卖成爆款的原因。

2. 创意先行。我们创业之初是要做一个精美的广告内容公司，后来改为精美创意内容公司。日本有一个创意组织叫 PRTY，他们会不断产出有趣的点子放在官网，而对某个点子有兴趣的客户，自然会带着项目需求来谈双方的合作。这样的模式既使得创意公司完成不断创新的良性循环，又使得客户打破对于项目执行方式的思路局限，并缩短了前期的决策周期。所以将日常头脑风暴的创意做成一个自由选购的超市，一直是 TIMA 想做的事，这部分我们叫它“鸡动”。到目前为止，已经有多个客户对此产生了兴趣。

大创意：以前我们觉得创意热店的定位都是“小而美”，但是目前看来正在“越做越大”，给我们谈谈创意热店的发展趋势以及怎么找到自己的优势好吗？

Sanji：其实 TIMA 真不算是热店，反而比较“冷”，做了两年的公司，没主动谈过客户，没主动做过宣传。CIA 的朋友和前老板曾经热情邀请我们加入，但我觉得 TIMA 太稚嫩，火候还不够，都婉言谢绝了。所以无论是客户来联系我们寻求合作，还是你们找到我们做采访，我都觉得很惊讶。

对于大和小的问题，我是这么看的：广告公司，或者标榜创意公司的广告公司做大的话会很危险，因为规模大了，盈利模式需要做比较大的转变。真的创意公司就算规模大了，风险也不会那么大，因为创意的范畴，或者说，可盈利的创意的范畴也变大了。所以只要搭建可以将不同创意产出的内容变现的通道，并吸引相应的优秀创意人才，谨慎地扩大规模是可以尝试的。

当然这只是我的思考，不代表 TIMA

要做到很大，目前来看，我还是希望保持中小规模。创意公司最大的成本、最大的产出、最大的价值都是人，所以慢慢搭建创意价值转换平台的同时，考虑如何让人才的潜在价值最大化地发挥、让创意环境变得更加开放才是现在努力的重点。

大创意：在当前的营销环境下，您觉得对广告公司的挑战或机遇是什么？

Sanji：无论是互联网事件、公众号、电视剧，还是综艺的更新节奏都变得越来越快，“快”是一个不可避免的时代现象，面对快节奏，最大的挑战是保持慢。不是工作节奏慢，而是心态上的慢。广告公司作为已经从辉煌时代没落的行业，很多人无法保持健康的心态，人才流失也很严重。但如果转换身份，其实机遇多多。我个人倒没有很艰难地去转换心态，可能是因为我还热爱这个行业的原因。最快乐和最能感受到生命美好的事情是创造和改变。从无到有，按照自己的想法创造一个作品出来，不管是创作哪个范畴和形式的作品，都是让人欣喜的，是仅次于创造电影的快乐，因为你的每一步决定都会迅速改变它的样貌。现在运营一家公司也是如此，你的每一个思考和每一个主动的冒险和决定，都会改变它的走向，这才是无限的乐趣所在。

TIMA 在创意领域也在做很多的扩展，涉足的不同领域之间又会互相增益。很多持之以恒的尝试和积累，都是在未来未可知的预备力量。TIMA TALK，我们称之为“博鸡”，也已经慢慢积累了几十期的内容，除 TIMA 自己获益良多之外，也会考虑公开与所有人一起分享。所谓机遇，我想就是保持踏实和自信的心态，在每一次创作的机会中保持质量和速度稳步上升，这种“慢”出来的“快”，是任何时候都不会贬值的。

An Interview with Huang Feng

我们想让中国品牌获得国际认可

黄峰
佛海佛瑞上海联合创始人、合伙人、总经理、执行创意总监。

2016年，佛海佛瑞（FF）上海为天猫"双11"提出了"all in one"（一体化）的概念，并一直沿用至今，这也成为天猫走向国际的开始。除了天猫"双11"之外，FF上海和阿里巴巴一直有着密切的合作——从淘宝新势力周到天猫品牌升级。FF上海的联合创始人黄峰与我们分享了他们对天猫"双11"的看法，以及这些案例背后的故事。与此同时，FF上海作为一个有着法国背景的独立广告公司，在中国市场有着怎样的独特性，又是如何看待独立广告公司的未来呢?

大创意 × Huang Feng

大创意：请聊聊你们和阿里合作的经历吧。

黄峰：我们和阿里合作了三年，内容包括新势力周、2017年年底的年终总结广告、"双11"、天猫品牌升级。三年前和阿里第一次合作淘宝新势力，当时淘宝是一个严重老化的平台，急切需要年轻化，同时大家更愿意去尝试很多更小众的电商平台，因为觉得更适合自己或调性更年轻。所以当时淘宝想以新势力为契机，将淘宝的品牌形象年轻化，以便和"90后"沟通。因为当时淘宝上面很多卖家和消费者是"90后"，"90后"有个特点是不喜欢别人给他们观点，而是"我很重要"。所以我们做了一个"看我"，找来90个"90后"，做了一支90秒(一人一秒）的视频和90张海报，让大家来“看我”，虽然时间紧凑，但效果很好，非常成功，后来就继续和阿里合作了“双11”。

当时很多人对“双11”的概念就是商品打五折，甚至不止五折，所以我们想要传达的概念是“双11”不仅仅是打折，而是代表了阿里巴巴的形象，将大家对这个平台的关注集中到这一天，使其符号化，它甚至代表了中国经济的形式——大家看中国经济的形式会看“双11”的数据。我们的策略是通过“双11”这个契机，提升阿里巴巴乃至中国的形象，所以我们给出了“all in one”这个概念。

大创意：这个概念现在一直在延续吗？

黄峰：是的，一直在延续。因为阿里不仅是一个品牌，还是一个平台。怎样才能把他们的形象做得更国际化，更有包容性，展现阿里的合作精神呢？我们在“all in one”TVC上把那些国际品牌最出名的标语穿插到一起做了一首品牌诗，这支TVC到现在都是中国品牌史上的经典作品。这支TVC制作难度确实不小，包括它的执行，比如让这么多品牌授权标语的使用，还有品牌的排序问题，都需要协调。只要出现了一个小问题，整体都需要调整，因为它的顺序需要符合一定的逻辑。这也是天猫国际化的开端，它让美国媒体觉得中国的品牌沟通、创意、执行度方面都开始呈现国际化，甚至去戛纳参加颁奖的时候还被认为这是飞机稿，对这样一个已经达到世界高度的品牌来说，大家都觉得不可思议。

大创意：这个创意刚提出的时候客户有没有觉得不太可能实现？你们怎么去说服他们的？

黄峰：客户的感觉和我们一样，天猫品牌组看到这个创意的时候就说一定要做，有血液沸腾的感觉，但有点担心执行。后来他们直接找到阿里巴巴集团的CMO，说我们一定要尝试这个创意。

大创意：我们觉得很有趣的一点是整个策略是all in one，执行当中也all in了。

黄峰：这也是我欣赏阿里的地方，他们会看重这个创意好不好，而不是瞻前顾后怕有坑，他们愿意一起尝试，所以我们很喜欢跟他们合作，那感觉就是“酸爽”。

大创意：“酸”是形容前期的沟通，“爽”是形容酣畅淋漓的结果吗？

黄峰：可以这么理解。因为我是在中国长大的，心里有种情怀就是想把一个品牌做到让外国人认可的高度，这让我非常有动力。

大创意：您怎么看今年（2018年）的天猫“双11”？

黄峰：2018年的天猫“双11”有几个主要的元素，其中一个是“双11”十周年，所以有个主要内容是易烊千玺将他自己的故事和天猫的故事相结合。十年，从主要信息沟通的角度来看，往往是一个总结，但从今年开始，大家希望这不是一个完结，而是一个新的开始。所以这十年的故事只是一个铺垫，所有的准备都是为了后面的精彩发声，这是从一个关键信息出发的创意点。我觉得今年天猫“双11”的压力很大，因为往年的数据摆在那儿，同时又面临马云的退休，新任领导的表现，另外一个背景就是全球经济寒冬，今年“双11”的业绩是否能够增长是一个大的挑战。

大创意：正如您刚才说的“双11”并不只是一个打折活动，而是关系到品牌形象，那么，在您看来，天猫“双11”对于消费者来说是怎样的存在?

黄峰：“双11”对于消费者来说慢慢变成了一个节日，甚至习惯买一些东西来庆祝一下，并不只是在意那天所有物品打折的力度。这一天也成了很多品牌的上新日，这一点也体现了它不仅是打折，而是变成了一个节日，一种有参与感的生活方式。去年的标语“祝你双11快乐”起到了很强的庆祝功能，让这一天更有仪式感。

大创意：从饿了么的《可以吃的筷子》到Airbnb的《长城奇屋一夜》，再到虾米音乐的《雾霾唱片》，FF在创意上做了很多突破与尝试。在面对当下这个被互联网冲击的时代，您如何看待创意之于广告的意义呢?

黄峰：先不说广告，作为一个策略和创意公司，我们是为了解决品牌客户的问题而存在的。比如饿了么，他们说要升级品牌，因为名字的限制，会显得他们有点俗气，没有质感，没有品牌精神，这是一个命题。他们的brief是想做一个品牌形象片，这个比较传统，但我们给了他们新的可食用筷子的方案，包括关键信息和价值观的输出。对于饿了么而言，是否受大众喜爱并不是看广告做得如何，而是取决于平时的方方面面，无论是产品、内容，还是价值观。去年，很多媒体报道外卖平台崛起的同时带来了大量资源的浪费，各种外卖店竞相攀比外包装的精美，由此我们给出了一个可以降解且可食用筷子这样一个新颖的创意和解决方案。因为有趣的事情大家都愿意参与并传播，这个策略也能让大家感觉到饿了么的突出性。所以，我们不只是拍TVC而已，我们是解决问题的。

大创意：FF合作过很多奢侈品品牌，包括最近吴亦凡代言的LV，您对奢侈品品牌在中国的发展有哪些经验可以分享一下？

黄峰：一般奢侈品不会让本土公司去做广告，但我们是一家法国公司，所以他们会来找我们。我们做过很多奢侈品品牌，从内容上看，我们是中国唯一一家可以做奢侈品品牌的公司。

Airbnb《长城奇屋一夜》

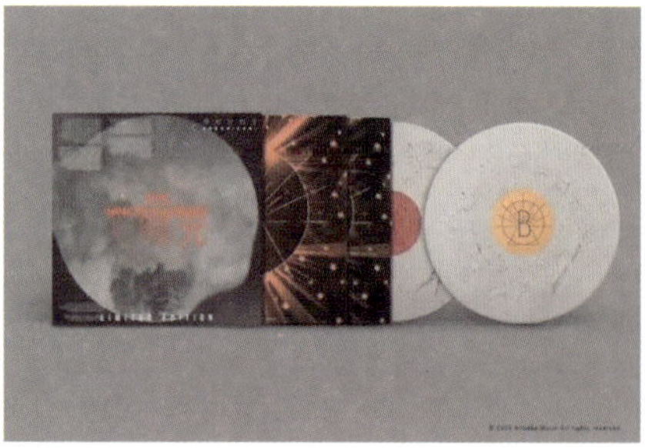

虾米《雾霾唱片》

饿了么《可以吃的筷子》

吴亦凡代言 LV

在中国，整个奢侈品行业呈下滑的阶段，想要和中国消费者做一个很好的沟通，需要了解市场和环境。我们做 LV 的时候用吴亦凡，就是考虑要结合都市和年轻化的元素，以及未来的生活方式，把 LV 品牌以往的距离感变得更加亲和，却不失调性和质感，这就需要对中国市场和奢侈品牌非常了解，才能对亲和感和质感进行协调和把控。

比如 Papi 酱那次积家的营销引起了热议，大家觉得用网红会不会太俗气，但那个是用很有质感的方式呈现的。我们的策略是先确定产品的基因，那款产品名叫 Reverso，表盘是可以正反面翻转的，背面会有属于手表主人自己的故事，所以我们找到了相似属性的 Papi 酱，她表面上是一个很接地气的网红，但其实是很有涵养和文化的人，甚至可以称作是一位艺术工作者。她在网络上的呈现方式只是为了让大家容易接受，当时美国《TIME》用了一整篇报道介绍 Papi 酱，她的每个视频都反映了一个典型的社会现象，用嘻嘻哈哈的内容让大家明白一些深刻的道理。

大创意：为什么当初决定将 FF 带入中国？

黄峰：其实并没有带入中国说得这么大，理由很简单，因为我夫人怀孕了，想暂时回到父母身边，但当时我还在法国，为了避免两地分居，再加上当时我和 FF 的两个创始人关系很好，如同兄弟，想继续在一起做事情，所以就决定在上海再开一个 FF。

大创意：面对中国广告行业中创意热店涌现，4A 广告公司转型的这个时代，作为一家具有法国背景的独立广告公司，您的生存之道是什么？

黄峰：我觉得最重要、最核心的就是自己想做什么，我们有一个很强的动

网易新闻“各有态度°”

力是让中国品牌获得国际的认可，当有这个动力的时候，其他的动作只是一些调整或顺应，可以让我们去坚持。所以，如果中国的品牌要求更快，那我们就变得更快，以顺应他们的需要。我们可以找国际上有才华的导演或者摄影师，包括国际化的创意人，互动、内容或产品方面都可以为了这个目的做调整。另外如何把如 LV 、爱马仕等品牌，用打动中国消费者的方式呈现出来也是一种文化的融合。这是一件有意义的事情，也是我们的动力所在。挖掘和提炼一个产品的精髓，把它和一件有意义的事情与消费者进行沟通，让他们有所启发。

大创意：如果能做一些事情，来为中国市场带来一些创新的改变，您希望做什么？

黄峰：希望所有在中国市场的品牌做一些有意义的内容去和消费者产生共鸣。越来越多的品牌知道自己存在的意义，用这些意义去启发自己的消费者，那么消费者才会越来越喜欢它们，而不是因为打折、促销而购买。

大创意：现在人工智能发展很快，比如写文案，对于人工智能会不会取代广告人，你有什么看法？

黄峰：我们有一句话叫作“think with your heart”（用心去思考），大数据代替的是比较理智和规律的东西，难以代替的是激情，人工智能代替得了很多行业，但是很难代替有惊喜、出自内心的东西，在未来它可以用来辅助，但不能完全替代创造性的工作。

大创意：中国广告公司越来越多，FF 对自己的差异化定位是什么？

黄峰：我们没必要非得和别人不一样，如果非要回答的话，用其他媒体对 FF 的形容，就是国际质感，中国速度。

大创意：做广告其实很累，除了加班，另一种累是想法未必会实现，经常被修改。FF 产出作品的频率很快，你们是怎样做到的？

黄峰：首先不该觉得累，比如画油画，每画一幅都开心，即使没人买。如果觉得累就别做，要有激情地去坚持。说到作品多，其实背后被否的更多，但创意是源源不断的，被否十个还能有一百个，关键是问题如何被解决，除非实在没时间。我们并不担心客户否定我们的方案，比较痛苦的一点是，一个创意做了一年多之后项目被取消了。在欧洲经常会有这样的事情发生，因为在欧洲时间是非常充足的，时间充足的好处是可以雕琢出好内容。

大创意：你们作为一家具有法国背景的广告公司，在人员方面是如何配置的？

黄峰：我们的员工有 80% 是中国人，但必须对中外文化都有一定的了解，要有国外生活或留学的经历，20% 的外国员工也要对中国文化非常热衷。

An Interview with 3 Water

这个行业不缺创意，缺的是企业家

李三水
W 创始人，曾就职于 W+K、AKQA 等国际 4A 公司。

大创意 × 3 Water

采访李三水其实不是一件容易做好的事情。因为该问的问题基本都已经被他在其他访谈中回答过了。再加上这次的采访，起因是我突然发现他来了北京，于是像上次在某活动现场“逮住”Kevin 一般，直接冲去了李三水所在的活动现场，“逮住”了他，“强迫”他接受了我的“盘问”。

从他跟我讨论的时长来看，三水君应该是一个时间观念相当强的人，我想这和他日常被排得满满当当的工作有关。但他又没有因为他是大忙人而给我造成一种距离感，相反他是个亲和、谦虚的人。

聊天之前，他刚刚在台上发表了一席值得鼓掌的演讲，以及发布了一首名叫《野岛》的新歌。下了台之后，他被一群不知道算不算是粉丝的少男少女围住，非常耐心地回应了他们，然后递上名片，表示有人在等他，稍后再和他们交流。

三水君在聊天前的演讲中有一句让我印象非常深刻，我把它用作了标题：这个行业不缺创意人，缺的是企业家。

八卦暖场

大创意：我先问一些小八卦，然后再进入正题吧。听说你之前是骑着马去W+K面试的？

三水君：骑马？真实情况是我用一早上的时间，把W+K一楼门厅重新装修了一下。

大创意：他们没有报警抓你吗？看到公司内饰大变样，他们都是什么反应？

三水君：第二天他们的员工去上班，还以为公司换装修了，没有太大的反应，估计是阵势搞太大了。但装修内容里面其实融入了一些我的美术与文字功底，不过后面说起时，其实反应也还好。

大创意：应该是内心比较震惊，但没有表露吧。

三水君：应该会给他们留下印象，因为那个时候招聘文案比较难，再加上他们通常只招外籍人士，我外语又一般，虽然听没问题，但是如果要讲还是有点问题的。

大创意：之前还听别人说，一看你的性格就是一种老板的性格，你怎么看这句话？

三水君：我觉得今时今日，这个时代已经很难定性什么是老板性格了。近年我们看美国、日本，看世界上各类杰出的企业家，通常不会把他们视作老板。比如说，Nike创始人、Tesla创始人、FB创始人，以及Apple的乔布斯，更多的感知是他们是个特别的人，或是个特别难搞的人，但未必把他们当作老板。所以我觉得在去中心化的多元自主时代，如果有人判定某人个性像老板，可能仅仅是说这个人有特点而已，别太当真。

大创意：热身环节最后聊一个八卦，可以说一下你的恋爱观吗？（这是帮狂热粉提的问题。）

三水君：请允许我用文案伎俩来躲过这个八卦，恋爱对我而言没有啥观，也观不了啥，因为恋爱的人都是“瞎子”。

进入正题

大创意：我看你在很多访谈中都提到

“创意其实不值钱”，包括刚才在台上也说了，那么在你看来，什么是值钱的？

三水君：创造性的思维。首先我认为创意只是惊喜，每个人都能用想不到的方式制造惊喜，人人都有的东西自然不值钱，因而才造成这个行业很难凭借信息不同步的手段不断制造惊喜，且不断进步。

因为创意行业完全受制于人的经验，但人的经验受制于认知，所以认知一旦受制，就很难再往外拓展创新了。

而创造不同，因为创造是超越认知的，就像你想象不到替代马车的交通工具不是更快的马车，而是汽车；替代通信运营商的不是更大、更强的电信集团，而是微信。所以我把创意称作惊喜，把创造称为找到惊喜的方法，我们需要一种升维的竞争意识。

大创意：创意很难被量化。

三水君：对。我们换个说法，经典名著就是原生创意，电影就是重新创造。因为它能让更多的人低门槛、快渠道地在两个小时内读懂一本世界名著，这是符合时代发展的资讯重组的创造手法，不然经典书籍的传播价值永远难以大众化、全球化。

大创意：你说你想成为行业标准是吗？

三水君：希望吧。

大创意：那你知道最后这个行业标准应该是什么样子的吗？

三水君：只能说我知道我想成为的样貌。我在一些演讲和报道上说过，W最大的价值不是创造第一名，不是创造巅峰，而是创造起跑线。

举例来说，苹果最大的价值不是市值，

而是它改变了社会对通信业的理解，在未来一定会有比苹果公司更伟大的企业诞生，但要先有一家企业成为苹果。就好像有福特了，大家才知道原来汽车工业是可以这样来构筑基础的，虽然福特在今天并不是最伟大的汽车企业，但它可以说是所有车企的原始范本。

W 希望成为创造原始范本、设立行业起跑线的一家公司。我在事业上也是这样定位自己的，我想要创造规则，不想做势必衰弱的第一名，而是做横空出世的“0”。

创造那个“0”，那个起点，是我感兴趣的。如果现在市面上，有人在想创意的时候能想到我们的案例，觉得我们的思路是有趣的，是具有极大启发和借鉴意义的，这对我来说就是创造标准。其实我们公司以前就开始做了，在集中做 H5 的时候，W 在做每个作品时都想要开创一种 H5 的新玩法。而现在，我们希望能够在与品牌进行年度品牌战略规划的合作基础上，发力于技术、艺术和音乐三大领域，重新制定三条行业起跑线。

大创意：所以说你没有抛弃 H5，只是把它当作长线中的一个分支，把它先弱化了而已。在我看来就是你们先建立了一个东西，之后就说：“好，你们接着玩，我去打造其他的了。”

三水君：有一点儿这种感觉。如同先扎一根柱子，再扎一根柱子，当它们连成一个圈的时候，大家才发现原来这个家伙真正想玩的是这个。

大创意：我还对一句话比较感兴趣，你说任何人都是可以被替代的，当然我也比较认同，但下面的我还没有想明白，如果你有一天被替代了该怎么办呢？

三水君：求之不得。就像我的精神偶

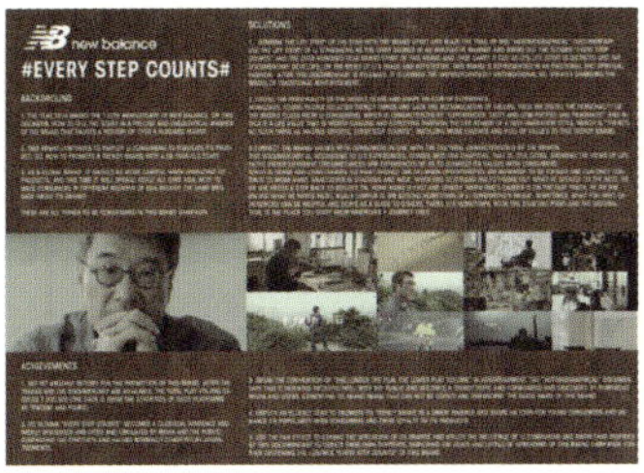

像——维珍航空的老板 Richard，他每涉足一个领域，功成名就后就全盘退出，去探索新的领域。这样未必适合所有人，但这是我向往的事业方式。每个人的人生不应该盖棺定论为一个 H5、一条广告片、一座奖杯、一个品牌、一台产品、一个创意……我的性格就是如此，人生也理应如此，不用记得我，但记得我过去旧的记录，未来新的折腾，就够了。

大创意：你觉得你和乔布斯像吗？

三水君：不敢，也不愿相提并论。其实我不是很了解他，虽然我读过他所有的东西。但我觉得，没有企业的时代，只有时代的企业。我认为乔布斯的成就，正是天时、地利、人合，到了某个点，顺势而成的。W 能像今天这样引人关注，就像走狗屎运一样，如果是早两年，在自媒体运营不需要那么开源，媒介沟通方式没有那么扁平化的时候，W 出不来，因为光一个技术门槛就已经难以出头了。再晚两年你又会发现，市场对领先的传播形态已经进入成熟消费的态势，较难突破。所以，W 崛起的时机是刚好的。我目前在音乐、艺术和技术领域的不连续性创造行为，和当初的心态是一样的，如果大家都不知道怎么玩，那我就先去探探路。

大创意：我周围有一些声音，说去 W 是一件非常荣幸的事情，很多人也会觉得 W 是广告创意的代表，异军突起的那种感觉。你会怎么看待现在的局面？你会紧张吗？

三水君：首先我觉得盛极必衰，大热必死。这是一个规律，任何事物衰亡的原因不是因为你不够努力，而是因为你超载了，所有人都对你有期望。比方我现在玩艺术、音乐和技术，场下围观者可能多是看热闹的，但是如果有一天我想玩出行业高度，就需要更高的标准，需要自设门槛。所以我是带着危机感去看异军突起这个事实的。另外，我觉得有些东西是被随意放大了，有些人戴着有色眼镜去猜忌，有些言论又是高抬过誉了，W 其实还远未到达我预期中的强盛，我心知肚明。如果 W 真的登临巅峰，你必将看到更多更具说服力的东西，比如远超广告圈，更多地在行业之外制造影响力，在这件事情上我只能说，W 正在折腾中。

大创意：提到背后，我想问一下，你现在有了案例，但这些创意大多都是出自谁手呢？

三水君：来自 W 内部的各个舱体，如 W 野狗文策舱、W 野狗创造舱、W 野狗音乐舱、W 野狗科艺舱、W 野狗潮玩舱、W 野狗品牌舱、W 野狗漫画舱等，每个部门除了代表 W 持续创造高水平广告外，更和各大国际、国内品牌跨界联营音乐、演唱会、电影、电台、漫画、杂志、装置、艺术、潮玩、时装、教育、电商、会展、互动科技、游戏开发、健康运动平台等“超媒体”文娱产品，实现 W 不做创意人，只做创造者的企业理念，更实现 W 做“创造者背后的创造者”的企业人设。

大创意：一般提案的话，你会有几个创意方案？

三水君：一个，因为内部已经“杀”了无数轮。

大创意：你们会杀几轮？

三水君：这个没底的，如果不好就会一直杀下去。

大创意：你在提案的时候会更在意哪一部分？

三水君：策略。W 的核心竞争力也是策略。我们基本就在最后一两页提创意，前面都是品牌战略思路探讨。其实我们的本质是一家新型营销机构，在这之前，我的主要身份是品牌顾问，就像你刚才说的经营理念。

我多年以来有一个心得：最好的策略就是最好的创意，最好的创意就是最好的文案。比如“我们之间就一个字”，它是个策略，也是个创意，同时也是主体文案架构；比如“我们的精神角落”，它是个策略，也是个创意，最后变成文案定调的诗意表达；“每一步都算数”是个大策略，也是个大创意，文案表达就是李宗盛的步步人生。所以我们说策略和创意，文案和视觉，上下都是一体的。

大创意：突然跳出个问题，和互联网有关，我觉得只能用成功或相对成功来形容像乔布斯这样的人。他真的是很传奇的人物，苹果代表了他，他代表了苹果，如果苹果没有他，可能就是另外一个东西了。一个人成就了一家企业，如果没有这个人，这个企业会怎么样？

三水君：这个企业就会垮掉吧，这是必然的。在过去，因为信息滞后、分工复杂、资本惯性、供应链过长等原因，会把衰亡过程拉长，让人误以为企业仍会保持上行，但可能并没有。

它有两种结果，第一种是企业直接走向可预测，像现在的苹果；第二种情况就是必须涅槃，必须基因重组。这并非今朝特有，而是自古有之，开国皇帝的意义多为开天辟地，但后续王朝即便人才辈出，也难免衰退。这就回到我经常思考的问题：人类命运的必然。因为人类的认知是有限的，一个人能力再强，也会受限于国籍、性情、阅历边界，似乎只有一种情况可为特例，就是人工智能。

所以在未来最厉害、最具创造力的企业可能是机器人创立的，因为人工智能的认知边界是无限延展的，且永远保持精进与迭代，无穷无尽。所以我会格外关注移动互联技术应用和科技发展，在内部创建 W 野狗科艺舱，在我看来，这是未来的企业形态。

大创意：但是之前我们听说美国硅谷在打造一个机器人创意总监。

三水君：那个创意总监出的创意还不错，因为它就是重组资讯。国内也有一个有趣的 App 应用创意按钮。我们也在做类似的事情。那企业到底该怎么办？我觉得一些优秀的企业家已经在这个方向上做各类试探了。你不要把苹果理解为一家企业，或者把腾讯理解为一家企业，他们都只是一个壳，寄居其下有无数的小企业。所以未来的企业家多是在实践一件事：未必专精，但不断突围。只有不断拓展新领域的企业，或许才能为未来续命。

大创意：这就是一个悖论，机器人是人造的，但人的认知又是有限的。

三水君：所以最原始的人类协作意义将会更有价值。W 要长大的话，一定是衍变至另一种企业形态。比如说我们的 W 科技公司，它可以叫“野狗科艺舱”，也可以变得和 W 一点儿关系都没有，届时我必然需要新的合伙人，新的事业伙伴，而他的眼界、他的认知范畴，必须是我没有的。

大创意：当你们在提案的时候，客户是会很强势地推一个创意，还是会参考你的意见？

三水君：W 目前为止合作的客户不求量多，但求市场地位高，还有彼此信任度高，我们与客户的关系不似情人，更像夫妻。或者这个比喻也不恰当，对我而言，更像是两个创造者之间的彼此互补。至今为止，W 几乎所有的作品，我认为至少有一半的功劳来自客户，因为如果没有他们完全基于信任的放权，甚至放任，不会有每一例

特色鲜明的作品出街。当然基于这样的合作性质，也不存在任何的强买强卖，大家都是共谋共生的长期关系。

大创意：你的一些关于野狗方面的哲学，有没有人说你是理想主义者呢？我看完野狗的思想之后，认为这也是我想要的，但是因为生计的关系，你总该有一些妥协吧？

三水君：我可以用两首歌名回答你这个问题。第一首歌叫《野狗悲歌》，定这个歌名的时候，身边人都说："水哥，图个吉利吧。"公司正式发行的第一张专辑就打"悲歌"不太好。但这是有一个情结的，我希望有一天在W危难的时候，快垮的时候，大家能记起这首歌，记住我们这家公司从来都是化悲而生的。第二首歌，是2016年专辑的主打歌叫《野岛》，那首歌是献给所有向往野岛，却半途而废的人的，以此提醒我们坚守信念的重要。所以与其说我理想主义，不如说是悲观主义。但悲观反而带来更多的决绝，因为反正都知道自己迟早会衰亡，那还怕什么呢？冲吧！我从来没有抱过一丝侥幸心理，认为我还能过得更好。我随时准备着在下一个项目或作品上完败或失手，一边惴惴不安，一边死不信邪，什么心情都有，唯独没有妥协。

大创意：你说这些话的时候是说给自己听的吗？关于野狗的这个理论，你是想要说给团队听还是说给自己听？

三水君：说给相信我的人听。

大创意：我倒觉得这不是大放厥词，大家都会向往那种状态，但是因为各种原因没有你那么决绝。如果你不用养其他人，可以这样，因为你一个人吃饱全家不饿，扛饿可以，那你的员工怎么扛呢？

三水君：读《明朝那些事儿》《资治通鉴》，你会发现，理想建制下，臣子、臣民都应是安乐有福的，受苦的本来就应该是自己，天经地义。

所以我能提供的就是尽量创造最好的条件，让他们在 W 放心冒险而无所顾忌。也就是说，我可以恐慌，但他们不必，甚至无须有此意识。

大创意：因为你之前也在好多客户方待过，自己也有企业。那你怎么看现在中国市场上，客户和广告公司之间相互的不认同？

三水君：很正常，人性使然。

大创意：在大卫·奥格威那个时代，客户与广告公司就是这个关系，有那么多方法论来改善关系，但到今天还是这个样子。

三水君：对啊，就像《Mad Men》（广告狂人）里面一样的，两者是对立的。作为客户会想，“我辛苦几十年攒下的资本，你几个月就凭空从中牟利几百万”，换谁都会调整心态来审视这种关系。我自己也常在怀疑这个服务模式的合理性。以《罗辑思维》为例，如果十年前有一个人天天读书给你听，估计没人买单，因为那时大家都在忙着温饱，需求更多的是劳务和服务，但在今天，《罗辑思维》却能商业运营成功。所以二者关系的紧张不在于他们的身份高低，只有时代发展到了一定阶段，他们才更懂得如何尊重创意价值，才能更好地运作智力资本。今天这个时代，很多从前是广告公司的人跳槽到客户方，我不认为这是广告行业的衰落，相反，我觉得这样会把整个市场的营销水准冲高一级，代表真正的创意，会有更多的机会诞生，真正让大家见怪不怪的好东西也会越来越多。

而之前所谓的客户与广告公司不合，其实本质不过是一个低阶的客户，遇到手段高超太多的广告公司；或一个平庸的广告公司，碰上了比他眼界高百倍的客户。这根本就不是关系冲突，而是两者的实力差距。这就是我为什么一直坚持和企业高层“当面说”的原因。

大创意：我们看到你做的广告其实都挺不一样的，比如说李宗盛那条。你会觉得别人说你的广告不像广告是一种赞美吗？

三水君：会，绝对是赞美。我觉得广告就不应该像广告。就好像时装就不该像走秀款，餐饮也不该像烹饪大赛上的美食，因为大家最终要消费的是普世价值观。苹果最了不起的地方，不是因为乔布斯的产品无瑕，而是因为乔布斯一开始就认定个人电脑应该和普遍存在的传统计算机完全不同，这是其本质领先的原因，是商业思维。

大创意：我再问个问题，是跟这个案例有关的。其实包括大众点评的案例也好，“我们的精神角落”也好，李宗盛也好，你会担心你传递的这些精神方面的东西没有被人看到吗？因为我们习惯了这种广告式的广告，其实现在很多人很少会去思考，他们都是被动地接受信息。

三水君：不会。

第一，没时间担心，这是很现实的。第二，跟公司的定位有关，我们公司有一句信条：“不再讨好众生，众生自随你而来。”我给所有员工的定位也是这样，不需要讨好任何人，包括我，更不用讨好客户，只需要做你们认为

最好的东西就可以了。我给 W 的公司定位是：W 就是创造者，既然要坚持创造，那我们的思维和手法，就要永远领先一步。

大创意：我今天看到一句话，“作为创意人来说，他其实有两个消费者，第一个是作品最终要沟通的消费者，另一个是创意人的客户。”很多创意人做好了对消费者的观察，却没有好好观察一下客户。他们可能在某些方面会有自己的坚持，比如在想客户应该要考虑这个创意对他产生了多大的帮助，而少了站在客户的角度看问题的过程。你怎么看？

三水君：这个就是我今天想总结的一句话，即这个行业不缺创意，缺的是企业家。大多数的广告人都很有天赋，底子都很强，但是不懂商业合作的本质。这个世界上没有什么是可以强买强卖的。很多人看到 W 总是能卖出那些匪夷所思的创意，就问我是不是逼着客户买，有逼过，甚至也耍过无赖，撒过泼，但从来都不是强买强卖。

最终达成的结果是，双方都能看到合作的价值：你需要我，我也需要你。我们两个在一起的最大意义是，做我们两个各自做，又都做不到的事情。

大创意：每一个做创意或做创造的人，都是一个观察人性的人。你在想出近期的一系列作品的时候，有想到它们会刷屏吗？

三水君：没想过。

大创意：总有一个预期的效果吧？

三水君：预期就是我自己认为这是对的。特别是你在做一件别人没做过的事情时，只能靠自己的判断。所以说这个世界上最难的并不是想创意，而是判断。判断刷屏有两种标准：第一种叫作刷进你的朋友圈，比如看到大量的作品，H5 或者 TVC；第二种叫刷进你的收藏夹。你愿意转发和愿意收藏，是有天壤之别的两种概念，W 想做第二种。

大创意：你认为进收藏夹是更有价值的一种吗？

三水君：对，这是 W 的使命。

大创意：有没有一些领域是你自己觉得你的能力还控制不了的？

三水君：太多了。又回到之前的话题，人的认知是有边界的，所以需要跨界的人。

常驻问题

大创意：请你推荐一本最近看的书。

三水君：陈丹青整理的木心笔记《文学回忆录》。

大创意：你平时的爱好除了看书、打球，还有什么呢？

三水君：遛狗。

大创意：你平时有没有一些比较特别的爱好？

三水君：一言难尽。

大创意：你虽然说你的英文普通，但我感觉跟一些本土创意人相比，已经非常好了。你觉得一门外语对一个创意人的作用是什么？

三水君：这个问题我有切身的体会，坦白说它就是个工具。如果一个工具不能给你产生增值，或者只是让你看起来国际化一点儿，这个工具是没有意义的。而如果这个工具可以给你带来技能之外的更多契机，它会有价值得多。对我而言，创意人学外语的真正意义只有一种，就是要到国外去。

如果W现在的目标是去海外开分公司，那么英文对我的意义就很大。

大创意：你去国外，会去什么特别的地方吗？除了美术馆以外。

三水君：去小县城里乱逛。

大创意：你怎么描述自己？

三水君：野狗。

大创意：请你推荐一部电影吧。

三水君：《美国丽人》。

大创意：请帮我推荐下一个受访者吧。

三水君：胡湘云。

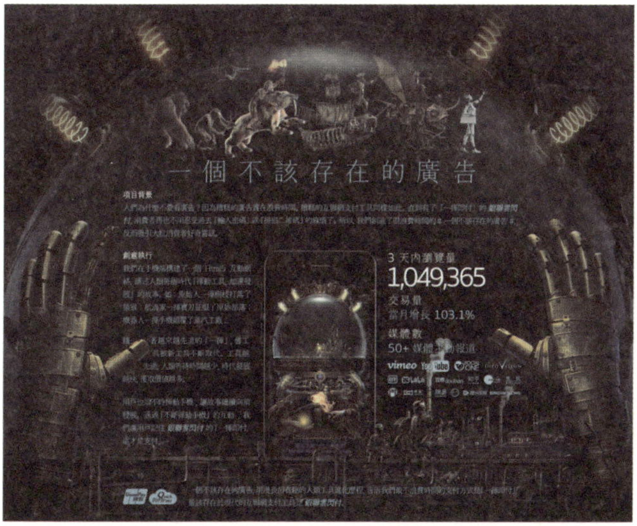

An Interview with Wang Xiaosai

征服奥美是我们的初级目标，终极目标是星辰和大海

王小塞
有门互动董事长兼CCO（首席创意官）。

我需要提前说明一下，这篇采访相当长，通过和王小塞的聊天就能看出有门的高产是有原因的，因为他们的创始人在短短几小时内向我输出了大量的内容。虽然很长，但只要仔细读，我相信你能收获一些东西。

如果把运营一家公司比作是一场战役，那王小塞一定算得上是排兵布阵的能手。在和他聊天的过程中，让我印象最为深刻，同时也让我深感认同的是他对于团队“综合能力”的要求——“就如同打仗一般，团队在前进过程中随时可能有人‘阵亡’，但只要团队综合素质够高，团长阵亡了，营长上；营长阵亡了，排长上；排长阵亡了，士兵上……这样一支铁血的团队，他们不打胜仗，谁打胜仗？”

大创意 × Wang Xiaosai

大创意：请问你是在什么样的初衷下成立有门的？

王小塞：一家企业的最终目标决定了它能走多远。如果一开始就是以投机的方式是走不远的。企业的长远在于持续不断地创造价值，这样价值才会最终呈现出来，这是创建有门的初衷。我不想做一家普通的广告公司。从腾讯出来的时候，其实我最想做一家互

联网公司，但创业最好从自己最熟悉的领域着手，而互联网对我来说有很多不确定性，所以我选择了做一家广告公司。

我们一共有三个创始合伙人，我和十几年的朋友、美术出身的康笑因为一杯咖啡走到了一起，和微博网友、新浪无线出来的克斯大帝因为一顿小龙虾走到了一起。创业初始，并没有太复杂，是偶然却又冥冥之中的开始。

“有门”源自佛教天台宗《法华经》，是处处有门的意思。《黑客帝国》中的门是一个超级符号，从第一部到第三部都是走各种门，直到最后那扇白色的光门。neone=neo+one，Neo是电影里的the one（主角），是救世主，是母体公式里波动的变量，是不确定性。但正是不确定和变量才改变了世界。而neo和one的浅层含义是奥美的neo和one，征服奥美是我们的初级目标，终极目标是星辰和大海。

大创意：你认为做一家广告公司最困难的是什么呢？

王小塞：广告公司很难突破边界，它的发展曲线是平和的，而不是指数型的，所以很难规模化，一旦规模化，就会趋于平庸化。这也是为什么投资人不喜欢投广告公司的原因。规模、效率和创新在互相打架，很多公司会比较难把握三者之间的关系。

现在市面上出现了两种广告公司：一种是很小型的公司，二三十人左右，从管理的角度来说，这样的小团队是最容易做出好东西的，因为团队结构非常简单。而十人左右的团队更强，它就像一把尖刀，可以很快插入问题核心。

另一种是大而臃肿的公司，通过并购等资本方式聚在一起，但内部协同并不高效。所以一个大企业要转型成互联网公司是很难的，因为这是一个整体机制的协同效应，组织模式、价值观、文化，以及每个人的行为细节都要有一套可被追溯的体系，而不是单靠一两个人就可以的。只有那些很成功的或具有持续创造性的公司，比如谷歌、Facebook、阿里巴巴等，在变大的同时依然会保持灵活。

所以广告公司需要思考的问题是要做一个怎样的公司，是一个创意工作室？还是一个能够解决大问题的公司？小工作室能解决的问题和可带动的资源是有限的。如果一家公司很快陷入平庸就会很危险，连什么时候被打趴下都不知道。

大创意：你认为对于一个广告公司来说，最重要的本质是什么？

王小塞：社交媒体兴起后，很多公司变得浮躁，觉得媒体环境变化了，就追随热点，今天做这个，明天做那个，不停地在换。但一个公司的本质是什么？尤其是一个广告公司价值背后的本质是什么？

我认为最大的价值是：一、在这个快速变化的时代为品牌和企业找到真正解决问题的方法。广告公司的核心是一个 to B（面向企业）、 to C（面向消费者）的行业，企业是我们的客户，而消费者是企业的客户，所有的企业都是围绕着用户展开的。所以广告公司要选择真正愿意服务于用户的公司，而不是愿意服务于老板的公司。我希望可以真正地与用户产生关系，令他们形成行为反射，去购买企业的产品。当然这条路是需要沉淀的，不能急功近利。能否一炮而红，这是由公司所处的位置和资源决定的。当你的客户想和你一起去服务用户的时候，这个方向就是对的。我们一直在探索怎样为客户找到一个解决方法，来应对它的消费者发生的变化，以及媒体环境的变化。

二、找到希望为企业提供价值的创意人。如果一位广告人或者创意者不能真正地解决问题，那他就体现不出自己的价值，即便在行业里很有名，但客户不认同也没用。一个能够解决问题的创意人从一开始就应该很清楚，只有帮助客户创造价值，才能体现自身的价值，届时他才可以自己创立一个品牌，也可以带动一个团队走得更远。如果一家广告公司可以吸引这样的创意人，并且这个创意人的想法可以有效地实现，那么创意人的价值就会得以体现，而不只是作为流水线中的一环。大家都觉得做生意就要迎合客户，但如果真这样的话就不需要创意人了。很多做BD（业务拓展）的人会觉得自己很厉害，因为以前的社会是依赖于渠道和客户关系的，创意的价值被忽视了，但未来的创意会很贵。

大创意：很多广告会以渠道大量投放的方式希望与消费者沟通，你是怎么看这种现象的？

王小塞：我们不会建议用大量投放的方式，因为仅靠这种传播方式不一定能打动用户，即使能让品牌出名，但并没有和用户发生关系，从而形成行为反射。以前都是由品牌方告诉消费者："我很厉害。"但如果一个人一直说"我很厉害"的话，他的朋友会怎么看？觉得这和他本人是一致的吗？但凡有一点不一致，别人就会觉得他是在过度营销自己。但如果品牌愿意和用户一起创造一个共同的未来，那么用户会更容易对其产生信任，并认同产品背后的价值，从而愿意支付超出这个产品本身的价格。

消费升级不仅是指功能性的消费，更多的是情感和价值的消费。价值消费就是"我认同你做事情的初衷，你是可信赖的，我愿意一直支持你"。在物质泛滥的时代，用户可选择的对象太多了，他们需要一个选择你的理由。回归到广告公司，我们需要根据品牌的不同阶段选择做一件最有价值的事情，而广告的形式与品牌的用户有关系，与品牌所在的媒体环境也有关系。对于企业来说什么是最重要的？一是企业要有持续的增长，二是要选择在重要的节点引爆。如果是大众消费品的话，确实需要做现象级的传播，但不要把广告简单定义为传统的 TVC、报纸，也不要把发在网络上的就定义为互动，微博、微信就是社交媒体。如果用传统的方法来看，所有的内容都是传统的。在微信上发一篇公关稿、新闻稿也是传统的，只是载体不一样而已。所有的形式，如果用传统的方法，它就是传统的；用社交的方法，它就是社交的，无所谓用哪种媒体介质，关键是都需要好的、可被传播的内容。

对于用户来说，比广告更近的是内容，比内容更近的是产品。我们要把所有产品可呈现的价值点都转变成内容，因为内容才是消费者愿意去沟通和接受的。当内容具备可被传播的，所谓话题性的时候，就可能会进入主流的社交网络，引起用户的讨论。

大创意：就像你们曾经做的支付宝五福和丧茶一样是吗？

王小塞：对。这是我们与客户一起完成的各种实践。它创造了一些可被用户讨论的话题和机会，当进入社交网络后就会有自动传播的状态，有人去转载，有人去二次创造，媒体还有可能进一步创造新的内容。在这种情况下，内容才会走得更远。

我经常会跟客户和同事打个比喻：传统的广告人只是生孩子，但不养孩子，做完创意就结束了；现在的广告人要做到生完孩子后接着养孩子，他们在做社交传播、媒体传播的时候会更用心，知道什么时候可以让它走得更远。

只有知道媒体最后呈现的结果和用户的反馈，才有可能知道下一次传播该怎么做。

不好的内容会非常依赖渠道的力量，但内容发出去以后，不能形成用户的自发讨论，这样导致的结果就是你想让多少人看到，就要花多少钱买位置。但有好内容时，渠道是有溢出效应的，会产生很多节点，从而被人进一步讨论，这才是真正的好广告的价值。就好比即使你经常被一个很牛的人介绍给他人，但如果你没有可被谈论的话题，毫无独特性，就会出现“脸盲症”的情况，别人看到以后很快就忘记了，需要无数次“刷脸”才可能被记住。但有的人见一次就会让人印象深刻，甚至愿意主动再次传播。

以前渠道是很厉害的，但现在渠道和内容是相对平等的状态，未来可能是内容更重要，这才是好内容春天的到来。创意人要找到品牌和消费者兴趣的连接点，它可能是品牌一直追求的价值观，也可能是这个品牌独有的特点，创造真正可被谈论的价值，才可能被传播、被转化。

大创意：我之前和一个前辈也聊过这个问题，他认为，在未来的广告趋势里，产品和营销一定是捆绑在一起的。

王小塞：没错，我觉得创意的最高境界是创新。创意人价值的体现是从广告创意到内容创意，再到产品创意，这是一条不可逆的线。未来广告公司会引入做产品的人去做有个性的东西，它是可被传播并转化成消费核心的。真正好的产品不需要喊得很累，基于产品本身自带的话题，就可以创造出新的内容。

大创意：其实现在苹果已经做到这一点了。

王小塞：对，它有很多连接点来与其他不同品牌做跨界营销，很多人都愿意和这个品牌合作，和它的产品合作，因为它们具有很强的连接性。这个时候做传播是相对比较容易的，而且是有意义的。回到做事的本质，如何让公司走得更远？就是以最终目标作为出发点。一家公司不可能从一开始就是完全理想化的，但只要大方向是对的，就可以从一个很小的切入点切入市场，然后不断升级模式，就像升级打怪一样。

大创意：所以有门也是在不断“升级打怪”中做大的吗？

王小塞：是的。我们最早是从社交公司切入的，因为传统公司有百年历史，小公司凭什么比它的方法论更好？不可能，也没有可说服的依据。当时有很多社交公司，大多数是偏运营型的，也有很多偏媒体型的，而有门的几个创始人有传统、互动、社交的复合经历，但对我们而言，本质还是广告，在提任何社交想法的时候，仍从策略和用户开始下手。很多客户觉得我们这个公司挺有意思的，不是那种单纯的执行公司。一旦有机会，我们就会把握住，做出不一样的案例。

在选择客户的时候，我们也是有策略的：作为小公司，不可能一开始就和大客户合作，我们会选择在业内排名第二、第三的客户，而且是相对比较难搞的客户。我们服务的很多互联网公司，节奏很快，随时都有变化，这是很多传统广告公司难以适应的，但我们可以。

大创意：比如用三周时间做完淘宝亲亲节的那个案例？

王小塞：我们有很多短时间完成的案例。所以，我觉得在短时间内调动人员和资源，是小公司可以切入的一个机会，做别人不愿意做的，虽然难却有价值的东西，就会有回头客，然后我们再慢慢地筛选客户。

大创意：你认为不好的客户是什么样的？

王小塞：我认为所谓不好的客户是沟通决策复杂，层级很多的公司；做事情的出发点有问题的公司；内部体系僵化，导致签合同和付款的流程烦琐，推进难，最后甚至不守信用的公司。

公司早期可能会遭遇这样的风险，但后期就会去规避，要确定那些能够陪我们一起往前走的合作伙伴。有门在选择客户的时候有个原则，即选择那些真正有意愿共同做出不一样案例的客户。如果在过程中有客户破坏了游戏规则，我们就会终止合作，下一次他再找我们，我们也会拒绝。

大创意：那你是怎么判断他是否真的有意愿做出不一样的案例呢？

王小塞：客户的意愿很重要，他们可以不懂，但应该有愿意学习的心态。这个行业发展太快，大家都在小心行事，很多时候我们和客户是一样的，需要共同摸索怎么样才能做得更好。我认为只要双方目标是一致的，就可以合作，并非一定要客户出多少钱，关键是要愿意为创意的价值买单。有些客户不但不承认创意的价值，还践踏它，否定创意人的辛苦劳动。

大创意：很多公司没有为创意买单的习惯，他们只为自己可见的东西付钱，那你是怎么说服他们的呢？

王小塞：这就是为什么我们说创意要找到自己价值的原因，创意不落地就没有价值，所谓落地，就是为结果买单。我们是一家以创意驱动媒介和资源的公司，但不是说创意好就够了，还要考虑最终的市场传播效果。就像创业，如果只卖创意，很难有人会投钱，除非对方相信我这个人，因为我有多次成功的经验，我的创意被验证过，有市场基础，他买的是结果。当合作伙伴和我的生意紧密相连的时候，才是有价值的合作。

真正的合作伙伴会提前沟通想法，并愿意站在对方的立场进行同理心思考。甲乙双方的共同目标是通过这场活动和消费者沟通，实现双赢。如果客户只是要一个很好的传播效果，而广告公司只想做一个获奖的案例的话，需求就错位了。但如果双方价值观一致，就会有利于创意人思考，直接结果会很好，同时还有创新的可能性。

大创意：对于淘宝二楼这个项目的新的合作模式，你怎么看？你愿意参与这种新的合作模式吗？

王小塞：这种合作模式是对创意有效性的检验，因为它很看重产品本身，并且那个产品是有机会因为我们的内容而产生转化的。淘宝二楼的创意更像是一次投资，而不是服务。如果有好的产品，我愿意尝试。但首先我需要认同和喜欢这个产品，一旦击中目标，要能够产生用户的行为反射。和淘宝这样的大平台合作有一个好处，就是它有一套相对完善的筛选机制，创意公司需要做的就是比故事的营销能力。

大创意：在很早的一次采访中，你说过“现在能看到的关于有门互动的案例，几乎都是通过项目组的方式跟客户待在一起做出来的”。现在也是这样吗？你觉得这样的工作方式是对双方关系的一种转变吗？

王小塞：在一些项目的重要节点，甲乙双方的配合需要高度一致，这种情况下，创意和媒介人员会驻扎在客户内部。

比如我们给支付宝做的五福营销，这样的大战役每一分钟都很重要，因为它需要根据社交网络的实时变化做调整。可能我们提前想了很多创意内容，但最后都不会用到。

有时候发现苗头不对，就会马上改变方向，应对变化。所以前线指挥的应变能力很重要，同时还要能撬动后方的资源。

大创意：就像你说的，客户与广告公司这种关系其实是一种合作的关系，而不是“我服务于你”的关系。

王小塞：对，所以我们原则上不请客户吃饭，只能喝杯水，连咖啡都不喝。做出真正好的案例才是最好的服务，用案例的质量带来客户消费者的数量。

大创意：基于这样的关系，你们业务流程上面有什么变化吗？不是说我为你提供一个创意而已，而是站在生意的角度上。

王小塞：这就要回归到我们的服务模式上。从一开始我们就是大家一起拼，一起赢，就像德国足球队或者中国女排一样，看重团队的自我驱动能力、自律性和独立性。比如五福的整个活动我都没有参与，除非有重大问题需要救火，我才会去。

有门团队的独立作业能力非常强，且保持着极大的灵活性。每个团队不超过十人，包括美术、文案、策略，他们可以独立作业，保持高速运转。其他部门都是提供支持工作的，包括技术、媒介、外包采购、运营、商务部门和创意中心。这样公司就变成一个全攻全守的团队了，法务是我们的守门员，事业部是前线打仗的战士，当前线遇到问题，后方有很多层级可以帮忙协助解决。因此整个公司的机制是：培养事业部负责人，令他们有更强的作业能力，然后他们建立一支创业型团队，而不是职业经理人团队。

有门事业部的每个人，包括文案、创意、account、美术都有可能成为事业部负责人，但同时需要承担更多责任。除了专业以外，他们需要更多地从结果思考，从整体思考，要去跨界和越界，而不是永远做一颗螺丝钉。

例如我们的文案会参与到每个项目的讨论中，进行整体思考，培养一种综合能力，这样他的单兵作业能力会很强。一个人能代表 10 个人的话，这样的团队也会非常强。就像带兵打仗，随时有人阵亡，团长阵亡了，营长上；营长阵亡了，排长上；排长阵亡了，士兵上。你是士兵，同时也是团长，这就是铁血的团队。

大创意：这是你们跟其他本土公司相比的一大优势。你这四年以来有哪些比较得意的作品呢？

王小塞：比如“曜能量 ×Uber 一键召唤英雄”，曜能量作为一个新品牌在广州、深圳上市，他们拿到《复仇者联盟 2》的授权是一个契机，但怎么用好这个契机，难度很大。恰巧当时广州 Uber 处在舆论的风口浪尖，我们就策划了让曜能量携手 Uber 一键召唤英雄，之后迅速在广州、深圳刷屏了。那也是 Uber 较早期的一次非常成功的跨界营销。

虽然我们是一家社交媒体公司，但作业模式是很多元的，可以从互联网发起，也可以从线下发起。很多人认为社交就是运营、追热点，但那只是日常运营积累粉丝的长线行为，和大传播没有太大关系，它需要时间的累积。

再比如我们帮天猫做的全球酒水节视频，客户反馈很好，因为它不是从产品，而是从人的角度出发去思考的，能够体现平台效应。

另外，与网易新闻联手做的一系列媒体内容共创的活动，也令我们重新认识了自媒体。以往与自媒体的合作方式就是做广告、发软文之类的，但我们和毒舌电影合作了“24小时电影院”，与关八合作了“深夜八卦食堂”，与KY合作了“无能复健室”，与饿了么合作了“丧茶”。我们与自媒体一起创造一种可能性，使这个可能性与粉丝完全结合，产生话题热点之后，再放到网易新闻上去。这是一个比较有趣的合作模式，且最终都是几方共赢的局面。

大创意：你们和毒舌、关八等是怎样的一种合作方式呢？

王小塞：我们提供创意策划和想法，这是我们的优势，然后借助他们的媒体优势来输出内容，这是双方内容共创的过程。

大创意：近几年有没有打到你心里面的广告？不是你们公司做的，但是你认为比较好的广告。

王小塞：比如冰桶挑战，它可以让人重新思考广告是什么，意识到广告原来还可以这么玩。很多人使用了冰桶的模式，但是没有一家可以超越它。因为它从创意开始就比较独特，通过人来串起所有的节点，是一个打破媒体界限的活动。

大创意：但在这个活动里面，人的因素特别重要。

王小塞：人的因素非常重要，它依赖于传播路径，但内容本身也很重要，内容和传播是平衡的。这个活动的内容是有自发性的，是通过它的节点来引爆的，而不是依赖媒体做曝光，这是社交传播的一个很重要的形式，所以才让我印象非常深刻。

还有一个印象很深刻的是冈本做过的一个活动——《长跑爱情》，讲述的是一男一女两个人从不同城市往前跑，大家都不知道他们在干什么，后来才知道原来推广的是 0.01 超薄的冈本。它制造了巨大的悬念，中间有很多人参与其中，到最后才揭晓品牌是什么。就像追剧一样，吸引网友互动来追这部连续剧。追过剧的人都知道，结局是很重要的，如何让观众在追剧的中途不会跑掉是很困难的。这是一个非常有趣的互动行为，原来互动可以做成这样。这些是打破创意人认知的，而不是在原有的创意基础上做的创意。

大创意：你认为如何定义一个好创意？

王小塞：我认为好的创意如果能做到洞察与媒介创新、技术创新一体完成的话，它一定是一个跨时代的作品。

首先好创意是从洞察开始的，有些很传统的方式也可以打动人，这是恒久不变的。传统作业的方法创新来自执行的创新和洞察的创新。能走得更远的，是基于洞察以外的媒介创新和技术创新。这需要品牌在合适的位置和时间点做合适的事情。如果将《长跑爱情》放到现在的话，可能效果就不一样了，因为市场环境已经变了。

还有一种是依赖媒介的变化而产生的创意，不需要很复杂，但可以产生很大的影响。当初安瑞索思做 Polo 活动的时候，是和 MSN Space 的第一次合作，合作模式很简单：发起一个博客大赛，获胜者可以赢得一辆 Polo 车。当时这个比赛带动了大量的人去写博客、开账号，同时 Polo 的很多元素也在其中体现了，最终实现了三方共赢。所以好案例的标准是，无论做哪种创新，洞察是基础。没有洞察，单纯追求技术、媒介的创新或者形式的创新，都是华而不实的。比如我们去看电影，即使 4D 和 VR 给你不一样的体验，但里面的故事才是最重要的。当有一个很好的故事，同时又给你一种全方位、立体化体验的时候，效果就会很震撼。一个好故事加上可以深度互动的体验，这才是一个广告要达到的效果。用户会参与到品牌的任何一个环节，还可以帮品牌创造出新的东西，被品牌打动并发生行为，才是广告的价值。

真正有情绪或情感起伏的连接，会让品牌和消费者走得更近，这样消费者才会认同品牌价值观并产生信任。这是一个我认为未来很重要的方向：广告一定是朝着内容、社交、IP 化这条路前进的。IP 就是可持续的内容，是可以影响你一辈子的。这就是为什么《西游记》《三国演义》被反复改编都没有问题的原因，它可以以各种不一样的形式一直存在于你的生命中。

大创意：你平时怎么让你的团队保持有源源不断的创意的状态呢？

王小塞：源源不断的创造力是需要被激发的，它可以来自几个层次。

首先是团队内部的激发，这需要创造一个氛围，而我们的氛围是相爱相杀，这通常发生在创意和策略之间。我们把创意人和策略人分为破坏者和秩序者，即一方要破坏，而另一方要守住秩序，保证策略的有效性，同时确保创意的独特性，这样在博弈的过程中才可能出现很锐利的想法。

当搏杀不出结果的时候，他们就会启动二次响应机制，去找创意中心的“大佬”博弈， 其中有很资深的创意“大牛”，也有剑走偏锋的创意“怪咖”。当他们打得不可开交的时候，我就会参与进来。我的大门对任何人都是开放的，谁都可以来找我。当内部搏杀完以后，还有各个组织之间的学习。每个事业部所参与的项目都是有限的，所以我们会定期复盘，从别人的经验里学习。

除此之外，我们还会定期做行业的分享。有些人来自广告行业，有些人是非广告行业，让他们帮助我们的团队去打破原有的思维。

当然也需要团队进行自我学习，除了公司给予他们的，还需要一些很好的网站作为日常的学习资源，比如大创意、数英，等等。这完全是自发的，我们会给他们推荐一些学习的渠道。日常需要去学习新的东西，才可以不断进步。当看过所有的东西以后，才会凌驾于这些学习内容之上，才有机会做出同样甚至更加优秀的案例。我们要激发他们不断挑战自己，跳出舒适圈。就像创业一样，这其实是勇敢者的游戏，别人不敢做，而你去做了。所以我非常认同王小波的一句话：胡思乱想并不有趣，有趣的是有道理而新奇。不要说有趣就是好玩，它背后是有原因的，有趣只是表象，所有的果是由因产生的，如果不能追溯到本因，果只是表面的现象，而并没有学到事情的本质。所以我会让有门的创意人坚持追溯事物的本质，这样在遇到大战役的时候，才不会慌，否则他无法说服别人为什么要这么做。冒险是一种能力，越熟悉，冒险越难，无知者无畏。保持这种无畏的心态是很重要的。就像我的微博上说的那样："初学者的心面向无限可能，专家的心则饱受羁绊。"因为所有的经验都是他的绊脚石，但是初学者的心态是没有界限的。所以我会告诉创意人，不管你在这个行业一年或是二十年，都要重新开始。不要认为自己就是对的，没有对和错，我们要一起去探讨未来的可能性。这个可能性是指，前方有很多条路，而正在走的这条路适不适合当下的自己或者客户，不要让他走一条看上去很辉煌，但与现实有巨大鸿沟的道路。

比如让一个创业公司花几千万去做一个现象级的大传播，他不可能冒这样的险。如果他的队伍和市场部不成熟，是很难令项目落地的。很多本土企业的做法是押几个电视台的热播剧或综艺，就像赌博一样，一下就把预算花完了，而无法像可口可乐、天猫等大公司那样持续地做活动，这与创始人本身的思维完全挂钩，也与团队实力挂钩。我们需要结合客户本身的团队能力，为客户设计一条他们可以走的路，而不仅仅是告诉他们应该怎么样走。因为真正了解客户的是他们自己，我们只是更好地去发现和激发，然后帮助他们从创意传播影响的角度走得更远。

对于广告公司来说，除非有规模化、低成本的效应才可以服务创业公司，否则只能服务有持续合作意愿的大公司。做事情要有选择，如果什么都做，就会迷失自己。前行的道路是可控的、有节奏的。别人说有门用四年的时间发展成 150 人的规模是很快的，但其实并不快，我们做了很多控制。就像人在不同阶段应该做不同的事情，需要有一个成长的过程，有时快，有时慢，需要沉淀，也需要出发。这和练书法一样，是一个由精到拙、又由拙到精的过程，这样才可以走到自己内心中想要的那个点。

好的传播都是流淌出来的真实想法，不是硬卖。很多企业喊得声嘶力竭，但是内心空洞。很多广告公司动辄就说自己做的是刷屏级案例，但其实都是在过度营销自己。一个人不能过度地消耗自己，但需要在适当的时候爆发，这时沉淀和爆发是一体的，有沉淀的爆发才更有驱动力。但如果一直在爆发，很快就会把自己消耗完。一个人的成长要有输入和输出的过程，这样才可以让自己变得更加丰富、更加立体、更加有张力。

大创意：你觉得你更适合当一个创意人还是商人？

王小塞：我本质是一个创意人，但我的目的是让创意人获得价值。所以我首先要变成一个好的创业者，提供这样的平台，才可以让我的那些创意人找到自己的价值。

深夜八卦食堂

24 小时电影院

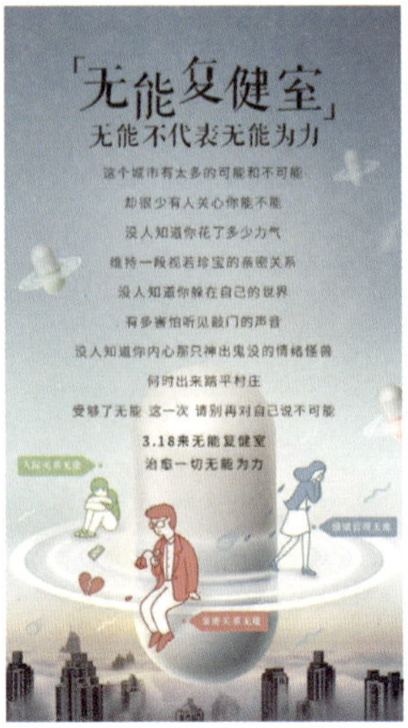

无能复健室

大创意：你和大多数的创意人不太一样，大多数的创意人对生意不太敏感。

王小塞：没错，我觉得生意的本质是真正能够影响到多少人。如果影响的是五个人，他就是一个小生意人；如果影响的是一亿人，他就是一个大生意人。艺术家是表达自己，从自我出发的，而生意人是从他人出发的，就是渡人即渡己，渡的人多才有生意。所以要把别人变得重要，让自己变得不重要，当越来越多的人重要的时候你才重要。

大创意：你是什么时候开始对生意更关注的？

王小塞：作为一个创意人会有很多困惑，比如我为什么以这种方式来呈现？其实这和我读过师范有关系。做老师是有情怀的，喜欢启迪人、激励人、帮人成长。如果我不是一个有同理心的人，会很难与对方走到一起。所以我觉得从创意角度来做这件事是最好的，而我本身还是一个创业者。我有的问题，可能就是客户要面对的问题。

创业之前，我是一个愤青，经常表达对世界的不满，但其实没有太大帮助。我的一个座右铭是：与其抱怨黑暗，不如提灯前行。只有把自己点亮，才能影响别人去点亮他们。骂这个世界有多黑暗，有多冷漠，是没有意义的，因为这个世界不会改变，我们能做的只是做力所能及的事情，改变自己。至于能走多远，要看大家是不是愿意一起往这个方向走，让这个广告环境、传播环境变得更好，仅此而已。

大创意：作为“爱女狂魔”的你，有没有一些作品是通过对家庭和女儿的观察得到灵感的呢？

王小塞：最明显的就是我们在服务母婴产品的时候，很多灵感都是从我女儿身上得到的。包括在服务红星美凯龙做“爱家日”的时候，我和团队聊我自己的观察，也是从家里出发的。当你的家庭有其他人存在的时候，就要保持每个家庭成员的独立性，给他们一个空间，而不是把所有的空间全部占满。所以当时我们提出了“亲密有间”这个核心概念。

以前的爱家日都是传达一定要回家的观念，这是很传统的爱家观念。但我

丧茶

们提出了不一样的观点，即关系再亲密，每个生命也都是独立的，有自己的意识。当一个人的空间被另一个人侵占，他会不会不想回家？所以我们设定了一个场景：在回家之前的那一刻，先在车上待一会儿。如果妻子可以给丈夫更多的喘息空间，他怎么会不愿意回家呢？所以应该互相给对方一个空间，甚至互相激励和支持，帮助他们找到自己。

当我的妻子想做一件事情，比如去读书，重新学习，我会很支持她去做，而不是让她把生命的全部都放在孩子身上。有的时候过度付出对她也是一种伤害，需要给她一个喘息的空间来追寻真正的自己，活出自己，这才是对她最好的奖励。

我父母当初的规划是让我当老师，让我姐当医生。我姐屈从了，但我最后走出了一条自己的路。对我的女儿，我觉得只要保证她基本的安全就可以，而不是要她做一个乖小孩，否则她的人生会很平庸。如果她好奇这个世界，愿意去冒险，只要不会有生命危险，我觉得都是可以接受的。

我的小孩给我的最大触动就是，当她成长到一岁多的时候，她对这个世界非常好奇，接受新鲜事物的程度很高，也很容易去模仿和学习。但为什么一个大人的学习能力还不如一个小孩呢？为什么大人很难接受新事物？因为大人身上羁绊太多。如果每个人都能把自己的心态变成一个一岁多的小孩来跟这个世界打交道，而不是把自己封闭成一个不能碰的刺猬，我们会更加平和地去接纳这个世界，接纳每个人。任何人身上都有可被学习的东西，无论他是一个有很高地位的人，还是一个普通人。就像并不是所有的品牌面对的都是高端用户，还有一些非常普通的消费者，如果不能以同理心去感受，又怎么能打动他们呢？所以做大众品牌就是要接触到最普通的人。我经常对有门的同事说，要做好广告就要把自己变得更有包容性，需要有很大的张力和弹性，这其实是很辛苦的，因为一个人通过做广告，会体验很多人的人生。

大创意：如果让你给有门做一条广告，你会怎么去做？

王小塞：当你的一扇门被关闭的时候，有门为你打开另一扇门。

常驻问题

大创意：你平时都有什么爱好呢？

王小塞：吃、看书和看电影是我的三大"不动症"爱好。吃可以和朋友聊天，看书可以和书背后的人对话，看电影可以经历不同的人生。

大创意：推荐一本你最近在看的书吧。

王小塞：最近在看《创世企业》和《创作者的日常生活》，我会在不同阶段看不同的书。看书最好看有时间沉淀的书。

大创意：推荐一部你最喜欢的电影吧。

王小塞：国外的是《肖申克的救赎》，国内的是《阳光灿烂的日子》。

大创意：请帮我推荐下一个采访对象吧。

王小塞：蔡萌。

An Interview with Chong Kin

好创意能解决问题

庄健

香港创意人，Serviceplan 大中华区创意长，曾就职于奥美广告、李奥贝纳、盛世长城，其作品曾获 D&AD、Media Spike、New York Festival Advertising Awards、One Show、Cannes Awards 等知名奖项。

大创意 × Chong Kin

当我们聊天结束之后，Brenda 问了我一个问题：你为什么在今天开场的时候聊得干巴巴的？我说：“因为我真的没有想到庄健先生出场时会自带那么大的气场，所以有点担心自己说错话会被剁掉小拇指。”后来我发现，他是个浑身带戏、风趣满满的创意人，也就轻松很多了。

我在庄健身上看到很多东西，有现实的、久远的、坚定的，还有希望被传承的。他不是一个理想主义者，如今广告这池水中的清与浊他再清楚不过，但他有他维持前进的方式、方法。

我在听他讲起以前的广告行业时，有种听故事的感觉，因为现在的广告行业中很难再见到以前那样穿着黑衣、黑裤、黑皮鞋，手提一个黑色提案袋的广告人了，也很少看到哪个广告人还有师父带着，教你创意的方法，传授与客户交流的经验，等等。

没错，这是一个快说烂了的问题。时代不一样了，技术发展太快了，广告行业要转型了……但那又如何呢？广告穿的衣服不一样了，不代表它的内核就要改变。就像我不爱3D 电影或特效电影的道理是一样的，电影的内核在于故事

Portfolio Night

本身，而视觉特效只是为了烘托故事而存在的。广告不会因为互联网技术的兴起而去“整容”“变性”，最关键的还是创意本身。那么，你的创意是不是能够解决实际的问题呢？

大创意：你当初为什么会想要做广告？

CK：“傻”呗。20世纪90年代，广告人是很酷的职业。香港很小，就几个电视台，你打开电视就能看到自己的作品，这种感觉很好。如果电视上有30秒的空白，有客户出钱让你去把这个空白填上，展示你的作品，而且你做的东西可能会成为别人谈论的内容，只要想一下就会觉得很开心，很有满足感。

大创意：做创意的人，满足感很重要。

CK：是，广告行业就是“骗”一些需要满足感的人来工作的行业。做得美一点儿，做得好一点儿，有人买单，有人鼓掌，你就会觉得花一些时间熬夜是值得的。而且在这个行业里，你可以和世界一流的导演合作，可以和很棒的摄影师一起工作，还可以和一些很厉害的艺术家合作。

大创意：那你现在还觉得广告行业有趣吗？

CK：有趣，现在的有趣是如何调教手

下的人。广告是一门无法速成的科目，关键是谁在熏陶。要一路熏陶，一路成长。这既是创意，又是生意。

大创意：在这个新的时代，广告人在不断变化，4A也在不断变化，你如何看待这种变化？

CK：大家都扬言要转型，但是一条恐龙要转身，并不是一件容易的事情。不过，即便不容易，也得转过身来。但是如何转，这是需要探讨和摸索的事情。

目前大多数公司的管理层都只看重创意人，觉得请几个数字化广告出身的人可能就会做得好一些。其实不是。我觉得目前来讲数字化方面也没有什么规范，感觉制造一点儿噪声就算是做了数字化了。

但这对品牌有什么意义？我觉得并没有，相反对品牌有很大伤害。现在做社交媒体的人都讲究快速反应，文字不需要很精美，图片随便摆一摆就可以了，所以现在这些说社交的人在品牌和创意方面不是很强，虽然他们对事件有很敏锐的想法，但要他们去配合广告和品牌不是件容易的事情。虽然他们用一些事件去做营销，但是没有创新在里面。

我认为广告就是不同时代的表现。以前的一些广告是一个时代的象征，但现如今的广告应该是什么样的，还需要大家再探索。

大创意：其实现在广告圈的形态很奇怪，很多互联网公司并不懂如何去做广告，他们要的东西不需要有太多创意，只要不是太难看，时间快就可以了。对于他们来说，广告公司给他们的东西可能不是他们想要的，他要的是快速的反应和快速的结果。还有比稿、骗稿的问题。

李派林

CK：很多年以前，比稿是一件非常有意思，也非常有成就感的事情。我们会想一起参加比稿的人会怎么去想他们的策略，然后再准备战术，用大脑打仗。但现在很多客户不懂广告，不懂创意，也不懂策略。他们认为广告投出去就会立刻赚钱，不会考虑这个广告给整个品牌带来的影响。而且很多比稿变得很不公平，慢慢地也就不好玩了。以前比稿就是开心，而现在，要多动很多脑筋。

大创意：而且提案的时候也需要很强大的内心。因为总有客户方的人在下面玩手机、吃水果、闲聊天，并没有在听你讲创意。

CK：是，的确会有这样的客户。一般我遇到他们聊天、玩手机的时候，会停下来，等他们聊完了，发现我没有在讲了，我才会继续。因为这不仅是对广告人，也是对人最基本的尊重。还有广告人自己的气场一定要大。

大创意：你是如何衡量一个创意的好坏的？

CK：1. 每个品牌有它固定的形象和固定的定位，所做的广告是否符合它的调性？ 2. 是不是可以改变和推新？ 3. 是不是可以影响人？

大创意：我看到你的作品，给李派林做的TVC，很有趣，除了想问你客户brief是怎么下的之外，还想问香港的广告作品尺度都可以这么大吗？

CK：对，可以这么大。当时那个客户的brief是想要拍一组让大家知道怎么样去使用李派林调味汁的广告。当时预算有限，就打算用李派林炒一盘牛肉，端出来很好看就可以了。

后来我们去查李派林的食谱，才知道原来李派林有很多用途，于是就给了李派林一个定位——美味的关系，才有了这些片子。我们当时告诉客户要

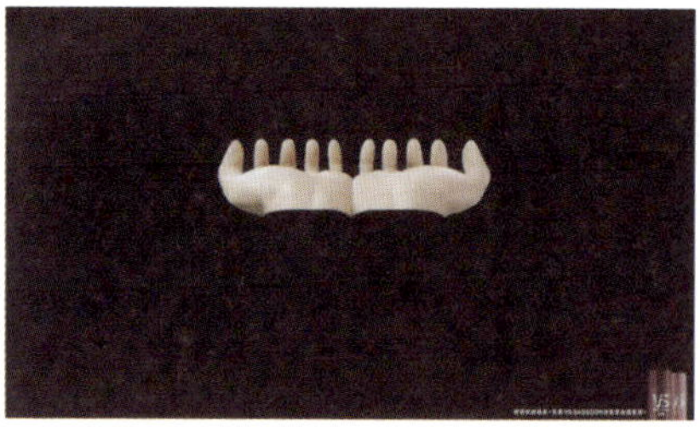

沙宣

帮李派林杀入香港的饮食圈，要和翠华以及其他的一些茶餐厅合作，创造一款以李派林命名，并且制作的食物。

大创意：我原本打算问你商业和创意你会如何权衡，但发现你刚刚说的这个案例就是一个把商业和创意融合得很好的例子。

CK：好的创意是可以对现状做出一些改变的。而且好的创意不仅仅局限于纸张上。香港有个品牌叫利宾纳，卖的是葡萄味的浓缩汁，以前一般是在探望病人的时候买来送礼的。但是谁会愿意去做冲调饮料这么麻烦的事情呢？后来他们改变了策略，把饮料冲好，换上纸包装，直接卖饮料。然后，他们和茶餐厅合作，现在每个茶餐厅基本上都卖用利宾纳做出来的冻柠宾。这也是创意，而且是能够改变现状的创意。

大创意：我觉得一些好的创意是既能很聪明地表现意图，又能够帮忙解决问题的。你的一些作品就有能够解决问题的特质，比如沙宣那个平面设计，这个背后有没有什么故事可以讲讲呢？

CK：创意一定要可以解决问题。沙宣那个平面，本来客户想要投放另一款产品，媒介渠道都买好了，但是开发出了一点儿问题，所以就换了一款让头发更容易打理的产品来投放。客户的整个诉求就是表达出这款产品能够帮你的头发更容易打理。在那个年代，美发广告就是一位模特，有光泽的秀发，风一吹，再加一句广告语，画面那个美啊！所以我们就先给了客户有模特的版本，设计的是从左到右横跨画面的广告语：“发型配合场合配合发型配合场合配合发型”，客户比较满意，感觉能诠释出他们想要的东西，但我心里总觉得有点不对，感觉可以用更专业、更酷的角度来诠释这个创意，于是就用了那个手的设计——便于打理，光用手就够了。再次提案的时候，客户就买下了。

大创意：我刚看这个创意的时候还以为是一个飞机稿。

CK：很多人都认为这是飞机稿，但它真的是出街的真稿。我的朋友也来问过我，我说："谁说真稿就一定长成那样？谁又说出街稿就不能长得像飞机稿？"

大创意：你觉得互联网发展到现在，对广告的影响是好的多还是坏的多？

CK：自私地讲，我觉得坏的多，因为需要我们去多做更多的东西，以前的环境会更简单、更单纯一些。广告业被科技影响得太多了，以前，你的创意只需要用黑白的单线条表示，客户买的就是创意，而现在，客户买的是执行。当你去提案的时候，作品基本已经完成99%了，客户看到画面很美，就会觉得很好，只要再改改文字就可以了，but, where is the idea（但是，创意在哪里）？

大创意：互联网的兴起，其实也在客户和广告人之间造成了一些双方价值的差异，以及相互的不认同。对于一个广告公司来说，最值钱的就是人才。客户可能会认为PS的东西一下子就能做出来，一句广告语可以拍脑门儿就出来，中途那个想法发散的过程却被忽略了。

CK：很多客户让我们设计一些标志之类的东西，我们给的都是pop design（店头广告设计）、option A（方案A）、option B（方案B），虽然中间花了很多时间去想、去做、去描绘、去创造，但客户看到的就是最终的图，他只会凭第一眼的感觉去做判断——喜欢或不喜欢，这样对创意人来说其实很不公平。所以香港有些创意人，他们把设计做得很细，会把背后的一些蓝图、比例都拿给客户看。那些最终只看图说喜欢还是不喜欢的客户，埋没了很多创意前期所做的一些努力。

大创意：但是这似乎是客户和广告公司之间的一个死结，没办法解开。因为客户本身就不具备这样的专业素养。

CK：现在是死结，但以前不是，以前卖的是脑袋里的创意，故事板最多是画得好看与不好看的差别，但那不是真的，是示意。而现在，发展到所有的图基本上都要拼完了，再让客户看要不要买。

广告人为什么总是加班到很晚，就是在拼这些图，在做这些执行，一旦改动就是全盘皆改。科技发展反倒让广告人要做的东西变得更多。不单是对广告人而言，我觉得对客户、对品牌也不是什么好事，因为他们被眼前的图片所限制，没有考虑到创意和品牌那个层面。现在很少有客户对你说："我觉得这个创意很好，只是执行要改一改。"

大创意：在被甄选的过程中，没有被选中的作品不见得就不是好的作品，而是受做选择的人的因素的影响。

CK：我非常同意这个观点。以前客户不懂，但他们知道欣赏，看着美就买。渐渐地他们懂了，懂得不全面，却认为自己全懂了，然后用他们懂的一点儿观点来套你的创意，这样就麻烦了。所以在和客户交涉的过程也是在寻求他们信任的过程，如果连信任都没有，就真的没办法合作了。遇到好的客户，真的是值得花时间的。

大创意：你遇到了你觉得好的客户吗？

CK：现在正在跟一个很好的客户合作，就是 I Do。

大创意：期待。那你觉得广告人应该有的生活状态是什么样的？

CK：肯定不是加班。但就目前情况来

看，大家不得不加班。正常来讲，广告人需要有自己的兴趣，自己的爱好，去玩好玩的，去体验有趣的，要有自己的生活。因为懂生活的人，才懂做好广告。虽然现在看来很难实现，但还是要尽量花时间去实现这样的状态。我的同事东东枪是个很有趣的人，他的观点很不一样，因为他有生活，所以能讲出那些有趣的内容。所谓创意，不是平面上的创意，而是从你生活当中提炼出来的那些精华。

大创意：你觉得现在好的广告人难找吗？

CK：难，越年轻越难。以前是每个阶段都有一大堆明星，而现在的年轻一代很难找到愿意花时间、花精力把广告做好的人才。

大创意：请给年轻一代的广告人一些建议吧。

CK：用心。想想自己为什么要挑选广告行业，既然挑选了，就请用心做好。

常驻问题

大创意：早午间都在干什么呢？

CK：一般都已经在上班了，开会。

大创意：你平时有什么爱好吗？

CK：以前踢球、打羽毛球、画国画、写字，生了小孩之后就只剩写字了。

大创意：你最近在看什么书？

CK：*What I wish I knew when I was 20*。

大创意：请帮我推荐下一位受访者吧。

CK：Hiroshi Yoda（依田洋）。

An Interview with Chong Kin & Marcus Ma

独立广告公司黄金时代的创新之道

庄健（右）
Serviceplan 大中华区首席创意长。
马君泰（左）
Serviceplan 北京董事总经理。

大创意 ×
Chong Kin&
Marcus Ma

当我们提及独立代理公司的时候，一般是指那些不隶属于任何集团，自由自主的专业广告公司。而现在，似乎进入到了一个属于独立广告公司的黄金时代。

国内外众多的独立公司，都在这个全新的信息传播时代如雨后春笋一般，纷纷冒了出来。比如中国的 W 广告、有门、Karma；海外的 Droga 5，W+K，Fred & Farid……另外，还有一家在欧洲非常大的独立广告公司——Serviceplan，它的规模甚至超过欧洲的 4A，比奥美、JWT、电通都大。

说起 Serviceplan，可能在广告圈内混迹多年的广告人都鲜有耳闻，因为他们实在太低调了。但说起这家公司的作品，我想你们应该都看过：Lego Builders of Sound，用乐高拼出的图形演奏星球大战的音乐，以及让盲人可以上网的 Dot 手表，都是 Serviceplan 的创作。所以，Serviceplan 不只是宝马的全球领头代理公司，更是国际上创新的独立广告公司。

在这个独立广告公司的全盛时期，很多广告人都从原来的 4A 公司，转投独立广告公司，比如奥美北京前 ECD 庄健（Chong Kin）和他的搭档，奥美前 VP 马君泰（Marcus

Ma），他们现在都纷纷加入了 Serviceplan。而我们带着对他们转战独立广告公司 Serviceplan 的好奇，和他们聊了聊。正文精华很多，我们前文少叙，大家看正文吧。

大创意：我们很熟悉庄老师了，Marcus 相对来说更低调一些，请简单介绍一下自己好吗？

Marcus：我正式踏入中国内地广告圈是在 2005 年的 9 月，最早是在灵智（现在的 HAVAS），从 BTL（传统线下业务）开始做起的，先后为微软、索尼、沃尔沃、标致等客户做线下活动，后来逐渐转到线上，服务滴露和法航等。在灵智待了四年之后，我去了 Ogilvy Action（现在的 Geometry），之后又去了 Grey 做 GSK。2011 年，我得到一个去客户方的机会。因为我小时候学过羽毛球，在加拿大上学期间还参加过比赛，所以当时李宁的母公司非凡中国的负责人找到我，希望能一起做体育营销方面的事情。那时中国的体育市场发展还不成熟，非凡中国做的是国家运动队的经纪代理，包括跳水、体操、羽毛球。我的工作是做国家羽毛球队的经纪代理，还有通过竞标形式将国际羽毛球赛事从世界羽联带到中国落地主办。除了与当地体育局协办赛事，包括推广、赛事运营及票房管理之外，我还需要确保赛事的商业权益落在非凡中国后的一些销售策略。这件事情，让我渐渐转换了身份，学会从客户的角度去想事情，由以往只从传播角度为客户出主意到做一门生意。

在非凡中国待了三年之后，奥美拿下奥迪，找我回去做奥迪的业务，这一做就是四年，从一年几百万年费做到最高年费三千多万，也经历了两次外界都不看好的比稿。关于奥迪有很多传闻，但事实上奥迪并没有离开奥美，只是从2013年开始把广告业务分给了两家代理商，李奥贝纳在今年的比稿当中确实赢得了一部分业务，但奥美也一直没有出局，只是与一汽奥迪一样低调做人，低调做事。

大创意：你为什么在离开奥美之后选择Serviceplan这样的独立广告公司呢？Serviceplan有哪些吸引你的地方？

CK：在我做广告的22年里，都是在4A待着，奥美、李奥贝纳、盛世长城……从个人的角度来说，是时候尝试一下独立广告公司了。至于选择Serviceplan的原因是：在这里，是在做回广告本来就该做的事情！第一，公司很纯粹，没有那么多复杂的流程和体系；第二，这里不是单看数字（收入、人头等）去做事，而是看客户的产品和业务，分析我们能提供什么服务，代表了什么价值。这是广告最本质的事情。另外一点，广告行业就是人才行业，如果没有人才，那就什么都没有了。所以，“如何对人好一点儿”，必须比“如何对数字好一点儿”更重要。其实广告就是给客户有创意的业务解决方案，创作好作品来提升品牌和产品的名誉度。广告公司就应该人才多，发挥空间大，用心做广告，用心帮客户，这是做广告的初衷，所以我来这里，其实只是回归到广告原本该去做的格局上。虽然，现在时代不一样，多了互联网、社交媒体、数字化广告，但其实只是多了渠道，多了承载创意的形式，但创意本身没有改变，依然是以带给品牌什么价值为评分标准。这就是我来Serviceplan的其中一个原因：找一家纯粹的公司，老老实实做广告。

Marcus：加入Serviceplan一个很大的原因是，和CK说的一样，它是一个独立的代理商，但和一些国外的独立代理公司相比又有所不同。Serviceplan最吸引我的地方在于，它希望自己公司的管理层有将这件事当成自己的生意来做的想法，而不是以一位打工者的身份。Serviceplan分布在全球二十几个城市，共有六十几家公司，每一个公司的MD都是那家公司的股东之一，公司就让他们自己去运营。还有刚刚CK提到的，这里没有太复杂的流程，在很多事情上都非常灵活。比如公司招聘，如果4A需要招人的话，可能要上报集团，层层报批，但在Serviceplan则没有让全球老总去审批一个AE的人员编制的事情发生。所以工作的质量和效率在这样的环境下都会得到提升。有规矩和流程固然好，但有时候条条框框太多就会走得很慢。我觉得刚刚CK提到的“灵活”很重要，不是说一家公司完全没有系统就是好，而是既有自己的系统，又有灵活空间，这也是Serviceplan的一个独特卖点。

大创意：我们所知道的Serviceplan一直以来比较多的是服务汽车行业的客户，那从Serviceplan自身来看，是怎么定义自己的呢？

CK：虽然全球68个分公司中有47家都在服务宝马，但我不认为Serviceplan是一家专门服务汽车品牌的代理公司，而且也很少有公司会将自己定位成专门服务某类客户的代理。

Serviceplan在欧洲是一家很大的独立广告公司，并且服务于很多优质的品牌，比如Fendi、绝对伏特加、Adidas、WMF，还有Lego等。同时在欧洲市场也有很多高端品牌客户，想进入中国市场，所以Serviceplan其实是一家很多元的公司。

Marcus：当初Serviceplan进入中国市场的确是因为宝马，这也要感谢它让我们有幸去开拓一个新的市场，也因此有更多不同背景、不同领域的创意人才加入到我们的大家庭里，这也是因为我们的客户不止有汽车品牌。Serviceplan上海办公室的汽车客户会相对少一些，其他类型的客户会多一些。同时我们也在拓宽自己的领域。Serviceplan在德国，是以媒体公司的身份起家的，创始人Peter Haller是一个专做媒体的广告人，我们媒介在欧洲地区做得非常棒，这也是为什么三年前在投资中国市场的时候，我们的营业执照上专门有媒介服务这一项的原因，接下来大家也会看到Serviceplan的改变。从服务内容来说，我们做媒介，也为客户提供数字化和社交的服务，也有宝马那样的全案服务。CK 提到我们有很多潜在客户想从欧洲、德国进入中国，那时我们可能会以一个咨询代理公司的身份来帮他们做一些市场计划和传播。这些都是 Serviceplan 作为一家独立代理公司可以去想、去做的，而且我相信，只要我们有人才和实际的想法，以及客户的信任，就可以提供这样的服务。

大创意：这也是 Serviceplan 接下来的一些主要发展方向吧？

Marcus：大致是这样。我们全球的 CEO Florian Haller 会亲自接管中国市场，虽然 Serviceplan 目前最大的市场不在中国，但是 Florian 认为，欧洲市场排第一的话，中国市场则是第二，美国市场排第三。Serviceplan 即将在美国开设一家公司。

大创意：为什么近几年才考虑进入美国市场呢？

CK：其实 4A 就是美商的代表，在美国起家。我们一家有欧洲背景的广告公司，要进入美商的环境，自然需要一些时间，把欧洲的服务理念和系统思维引进去。

大创意：其实现在很多广告公司都在发展数据的业务，Serviceplan 有没有这方面的计划？

Marcus：我们也有。我们一直在做宝马的 CRM 业务，专门有一个整合团队来负责，所以一直都有，也会持续发展下去，尤其是 CRM 或者数据这一个部门。我们讲的不仅仅是如何去管理，而是怎么从数据里面挖掘新的切入点，这个部分我们也在积极开发当中。

大创意：对于客户维护这一方面，Serviceplan 有没有什么比较独特的理念呢？

Marcus：我们刚开过一个运营管理的会议，就是关于怎么针对不同的客户，安排不同的人才来服务他。在其他的广告公司，每个客户进入系统后，人员配置和服务方法基本上会被财务设定的系统绑定，相对比较固定。但我们会从团队的构架以及服务方式等方面搭配不同的模式，针对客户的内部管理流程和需求安排一个更有效率、更有弹性的服务方式，以达到更好地服务客户、提升效率以及增值服务的目的。

CK：这其实唯有独立代理公司可以做到。

在大集团旗下的代理公司，每样工作都有很多流程和关卡，要考虑是否赚钱，以及是否值得投资。而独立代理公司相对灵活很多，他们只需要考虑是否对客户和公司的产出有好影响即可，做实事的概率相对高一些。现在，中国是在快速前移的大轮上，放眼世界，如果不够灵活，没有新的应对办法，新的商业模式，那日常产出也会很老套。

Marcus: 而且很多客户自己也在转型，他们会顺应市场情况做出调整。我们也会很快顺应客户的变化，一般会先了解客户的业务背景、他们提供给消费者的服务以及他们的团队，然后做出分析——要如何去服务客户，给客户安排什么样的人才是合适的方案。

CK：现在很多客户有内部创意部，比如华为、鄂尔多斯、小罐茶……面对这样的情况，老套的广告公司会想办法甩掉客户内部的创意部，或指他们不达标准，或说他们是多余的设立，借此实现自己的业务增长。但在我看来，两者根本不存在对立，我们应该

和客户商量如何配合。例如客户在创意人才方面有所不足的话，我们可以提供一些服务和人才，以实现共赢。现在是一个整合的时代，和客户变成竞争关系是非常不明智的做法。把一个品牌做好，才是双方合作的目的。

Marcus：Serviceplan 全球的经营理念，就是让很多德国或欧洲的同事到各个国家的办公室去帮忙。我们也坚信一点，到一个本土的城市和国家，就需要找一个本土的搭档，这样才会更好地提升 Serviceplan 自身的优势和本土的洞察，从而做一些更加强大和更具国际化视野的创意。如果都是本土的人员，可能在某些层面会缺乏一些灵魂，所以现在我们也会将一些与我和 CK 一起工作的德国创意部的同事，引入到融合了一些中国理念、模式以及创意的工作当中，这种交融的精神才是让 Serviceplan 能带给客户更大结果的基础。

大创意：接下来，我们聊一些关于广告行业的问题吧。从广告行业现状来看，两位觉得近几年创意有什么变化？

CK：最表面看到的变化就是社交媒体和数字化的公司越来越多了，公关公司也不像以前那样，只做新闻通稿和落地活动之类的了，现在的公关公司是输出媒体的。但归根结底，就是渠道的变化，多了很多渠道供创意选择，但这些渠道是不可以独立切开来看的。比如以前拍的叫 TVC，现在拍的叫视频，区别就是不投放在电视上，而是投放到互联网或者手机端上了，但依然需要拍片，只不过换了一种投放媒体。以前一张平面里会有长文案，但现在少了，都在 H5、在微信文章里了，创意的投放只是换了一种存在方式而已。改变都是表面上的，只是我们需要按照时代的步伐，去做不同的创意。看透之后，我们需要考虑的问题就是如何整合。在创意手法方面，早年中国广告还停留在教育消费者“我的这个产品是什么东西”的层面上，比如宝洁的洗衣粉、纸尿裤广告，里面一定会做实验，或者找一个明星来代言，对着镜头不停地说……通常都是这样。现在，消费者变了，创意不应该只考虑平面该怎样做，电视广告该怎样做，而应该考虑概念是什么，而且是可以放在不同的渠道进行传播的概念。

Marcus：我们一直认为广告公司是乙方，但事实上乙方是客户，甲方是消费者，广告公司则是丙方。刚刚提到的一点很重要：消费者变了。以前，我们可以用一种教育的方式给他们洗脑，但现在不行了，“90后”成为越来越重要的消费者，因为经济的发达，网络的发展，他们的消费力与以前的“70后”和“80后”不太一样，他们有更多的冲动型消费。他们比较在意的是，一个品牌跟自己是否有共鸣，如果有，就愿意去尝试。所以，这一点是广告公司需要做出改变的——要通过了解消费群的改变而去调整我们创意方面的想法。现在很多广告因为渠道的改变而更加迎合热点了，基本上每隔两周就会有一个热点，但这些热点用在品牌影响力上面是很表面化的，对于广告公司操作层面来说，应该要将热点和品牌结合得更紧密，这样才有机会沿着这条思路玩出更多的创意。

CK：其实每个时代都应该有配合时代的广告。有报告指出，年轻消费者已经不喜欢在手机或者网上买东西了，而是开始回归实体店。那广告就不做数字化了吗？当然不会！还是需要做的。那针对实体店的广告该怎么办呢？也许会专门有一家公司能够服务这类客户。这些新的改变都已经出现了，重要的是，创意要如何顺应时代。

大创意：刚刚也提到了消费者目前都趋于年轻化，两位有没有一些关于对年轻人的洞察和经验可以分享一下？

Marcus：刚刚提到的，目前“90后”“00后”这一代年轻人，他们的消费行为是更加愿意去尝试，冲动型消费中很大一部分都是来自“90后”和“00后”，这应该和他们的家庭背景有关系，他们现在已经不需要为了买一双500～1000元的运动鞋去存钱了。在服务汽车品牌的过程中，我发现很多刚毕业的消费者的人生第一台车就是奥迪、宝马，可能一开始会买小一点儿的，但一定要酷。而对于原来所谓的高端品牌，这些新时代的消费群可能会因为用的人太多而去尝试一些新的品牌，他们不愿意把大众眼中的奢侈品放在身上，而是追求一种另类和个性，因为他用的东西代表了他自己。这就是刚刚提到的品牌之于年轻消费者比较重要的一点——共鸣。他们看中的是一个品牌是否在陈述和营造一种他认为的自己的生活，如果不是，则不理会，而不会因为价格贵，是奢侈品就消费。

CK：现在中国的互联网可以说比任何国家发展得都快，因此我们会看到更多的信息，比如经常在网上看到一些“土豪”把一大堆品牌标识放在身上。但现在为什么没有了？因为现在的年轻消费者更加注重品质，一旦某个品牌有一点儿知名度，消费者就开始关注剪裁、用料，而不只是衣服上的标识。

Marcus：以前，打造品牌和产品的过程，消费者是没有机会参与的。但现在有一些品牌愿意跟消费者一起合作，让消费者来做自己喜欢的，再把消费者的作品创造出来。汽车品牌也有这样做的，把消费者关于汽车装备和配置的想法融入进来，不再像以前那样，品牌方出什么产品，消费者只能购买什么产品了。而且现在也有很多国际品牌放眼中国市场，为我们中国消费者做出了一些改变，比如一些奢侈品的十二生肖系列等。慢慢地，他们会按照中国的经济发展趋势，消费者的一些喜好、习惯，把他们的产品调整为符合中国市场的产品。

CK：很多年前发生过这样的事情，LV有一款牛仔布的包，原版是没有拉链的，但当时中国有一款仿版有拉链，结果这款仿版的包直接影响了LV的设计——这款包再加工的时候，就加上了拉链。

Marcus：事实上这是从中国制造到中国创造的一个观念的改变。品牌方面也需要思考如何满足中国消费者的习惯，将产品、品牌和消费者的需求挂钩，从而去吸引他们，与他们互动，这样品牌才能发展起来。

大创意：作为一家全球性的独立代理公司，你们觉得 Serviceplan 需要怎样的创意人才？对创意方面的招募有什么样的要求？

CK：首先，是心。不一定要拿过很多国际奖项，但一定要有心去做好。从一个人的作品里，就能看出他是否用心，是否有功底，这是最基本的。同时，从他对广告的愿景，就能知道他

将来可以跑多远。一个好的创意人，应该站在“创意业务解决方案”的层面上来看事情，而不应该仅仅从“这条 TVC 应该怎样做”的基本功上看。用心也是态度，态度好不好，不在于是否早上九点上班，半夜 12 点下班，我不要求几点上下班，只要求同事做好事情。我不要做完事情，而要做好事情。

大创意：Serviceplan 是否有一些自己的 IP 可以分享一下？

CK：Serviceplan 在德国做了一个非盈利的奖项，叫 Best Brands，是 Serviceplan 与一家调研公司 GFK 以及一家大型媒体公司共同举办的。这是一个透明度很高的项目，评委是各类消费者。我认为这是一件非常有价值的事情，对于广告、营销这方面，最好的评委就是消费者。这个奖项去年在上海举办了第三届，今年也会办。

Marcus：今年是中国的第四届，全球的第 15 届，就像刚刚 CK 说的，这个奖项幕后的拥有者就是 Serviceplan。这个奖项在欧洲地区做得非常大，它不是一个简单的颁奖典礼，更像是一年一度的娱乐节目，他们会请明星来走秀，知名歌手来唱歌，像一个大型的聚会，因为评委是普通的消费者，所以在做这件事情的时候，就更加偏向娱乐化一些。我们把这个奖项带到中国来，也是想让它慢慢成长起来。

An Interview with Adams Ho & Ball Ball

无论什么年代，进入广告行业都要抱着一颗想要被『虐』的心

何绍雄（右）
Serviceplan 上海执行创意总监。
黄自成（左）
Serviceplan 中国执行创意总监。

大创意 × Adams Ho & Ball Ball

认识 Adams（何绍雄）和 Ball Ball（黄自成）是两年前的事情。当时在采访完庄健之后，他向大创意推荐了这两位优秀的创意人。在这两年之中，我们也见了几次，但总是约不上一个合适的时间做一次完整的访问。

这次采访之前，我们最近一次见到 Adams 和 Ball Ball，是一起在工作间隙吃了一顿午饭。整个午餐的过程中大家欢乐到“起飞”，Adams 说着各种“梗”，而 Ball Ball 则在一旁默契地配合，谈话间无处不体现着创意人的风趣和“脑洞”。后来我们才知道，这两位的超高默契来自他们超过 10 年的合作。同为 art base（创意总监），从 TBWA 到 Serviceplan，两个人就像是无坚不摧的组合一般。用 Ball Ball 的话来说，在工作当中，如果 Ball Ball 是不断向全世界抛炸弹的那个人，那 Adams 就是那个帮忙拆炸弹的人。一放一收，配合得恰到好处。

入行十多年，他们依然低调地称自己为“新人”，依然对这个世界保持无限的好奇心，不断地汲取新鲜的一切。但就是这两位“新人”，一位参与了苹果的 shooting on iPhone 6 的活动，另一位则在 2016 年产出了那个刷屏级的案例——“I Do 的纪念日系列广告”。

终于，这次我们找到了合适的时间，把这两位创意人“合体”在一起，和我们谈了谈他们的广告生涯、对广告行业的观点，和一些对刚入行的广告新人的建议。如果你是行业中的老人，我相信你能找到很多共鸣；如果你是一位新人，相信你能收获很多经验。

大创意：你们最初为什么会选择进入广告行业？

Ball Ball：在那个年代，广告行业的工资比较高。

Adams：我最初是因为自己的兴趣从心理学转到传播学，毕业后很自然地进入到广告公司，当时也没有思考那么多。

大创意：请谈谈你们的第一份工作吧，从校园投身到商业广告领域之后，有没有什么不适感？

Ball Ball：我的第一份工作是在香港一家广告公司做实习生。那时候互联网刚刚起步，所以我在做实习生的时候就思考到底是做数字化还是广告。想了三个月，最后决定做广告。不过，在我决定做广告的第一天，他们让我去想一个网站，第二天我就辞职了。

后来去制作公司做了一两年，基本是做一些4A的项目，但这种大公司的付款周期很长，而那时刚好有同学在TBWA工作，他们在招人，工资很高，我就过去了。

Adams：我当时刚在美国读完书，工作了几个月后回到香港，在长实地产公司的设计推广部门里做广告。当时对广告没什么认知，但在那里认识了一些广告行业的前辈，了解到了更多关于广告的信息。

大创意：Adams后来又回到纽约工作了一段时间，为什么又从纽约回来了呢？

Adams：在我那个年代，TBWA里只有几个中国面孔，而且除了我，都是ABC（生在美国的华裔）。当时TBWA纽约总部想要重整上海公司，他们觉得我是中国人，就让我回来了。这很容易理解，因为一个中国人不会有文化或者语言上的障碍。当时我也正好考虑回到亚洲，就去了上海。

大创意：谈谈工作以后你最满意或者印象最深的一个作品吧。

Ball Ball：没有最满意的，印象最深的反而是垃圾稿。

大创意：你是否有过对客户的审美不满意而产生逆反心理的时候？

Adams：我的脾气算比较大的，还有强迫症，所以很容易生气。但是我还是会用上学时学来的东西思考一下，一般发完脾气就没事了。

大创意：从业这么多年，有没有什么人或事给你们留下特别深刻的印象？

Ball Ball：我的第一个老板给我的印象

很深。当时刚从制作公司出来开始做广告，本来打算做三个月就辞职，但第一个月，我就被老板骂是“史上最弱的人”，很没有尊严。当时非常不服气，心想一定要做到你满意再走。开始的时候我不喜欢做广告，而且老板那段时间一直骂我，但我想一定要做得特别快、特别多、特别好，才有资格说不做广告了。

我那时领悟到一个道理：做广告就是要被虐的，虐得越深，进步得越快，无论是人家对你的虐待，还是你对自己的虐待。为什么那个年代会有大量优质的广告人出现呢？我觉得是因为以前的环境很苦，在我们那个年代，人身攻击是很正常的事情，你做的东西不好，老板会说你的离职信在哪儿，今天就走吧。所以我发现虐待是使我进步的一个很大原因。但现在不同了，你如果骂年轻人，他可能就走了，不干了。

Adams：我跟 Ball Ball 一样，印象最深的就是那个老板——David Szabo。我觉得他是全香港最好的艺术总监，虽然他不会用 Photoshop，但他做出来的东西会让你觉得怎么可能做成这样子！他对所有人要求都很高，可能正是因为他要求高，我们两个又是不服输的性格，才让我们做得更好，也是他逼我们做得更好。他确实是一个很好的老板，只是用另外一种方法激发你的潜能。

TBWA 公司里有一条很长的走廊，我们在走廊这边，他在另一边一直说“很丑，很丑，很丑，为什么要做这个东西？”但实际上他还没看到我们的作品。我们很不服气，所以如果他让我们做两个方案，我们经常会做八九个，慢慢的，他就说“还是有点丑，但还可以。”在工作方面我们“偷”了他很多东西，对我们来说，他确实是一个很好的导师。

除了 David Szabo，还有一个让我印象很深的人——James Cheung，他是当时 TBWA 香港的 ECD，也是他后来带我去了美国，他的工作能力很强，但我最敬佩的是他的另外一种能力——谦逊。从大老板到阿姨，没有人不喜欢他。我一直很想“偷”他这种能力，但到现在都没有这个能力。

大创意：你们现在会用什么方式引导手下的“小朋友”？

Ball Ball：年代不一样了，现在要看这个人有没有兴趣被“虐待”，如果有兴趣就“虐待”一下。广告是要靠自我领悟的，没有人会告诉你怎么去做。如果你想“死”，我就陪你去死，如果你不想“死”，我就给你一条普通的路去走。这是 David Szabo 教给我们的，作为 ECD 不要说教太多，而是在同事们身边一起工作。我一直希望我们有能力可以影响别人，但只有一起做事，一起工作，才会影响到大家。

大创意：现在进入广告行业的门槛越来越低，你们觉得现在的广告新人对广告创意方面有什么误解吗？比如，现在行业有一些大家对公关、广告、传播等不清楚的理解，甚至有些公司在做传播的时候不从品牌内核出发，而是更加关注传播手段上的一些玩法。也不会从品牌策略的层面出发，考虑各种玩法是否适合自己所服务的品牌，而是更加关注抓眼球的东西。

Adams：我不在乎他是不是真的懂广告，我在乎的是他是否对这个行业感兴趣。做广告需要主动，而且要对广告行业“变态”的工作方法有心理准备。如果他真的喜欢广告，我们会慢慢分享更多关于广告的东西给他。我们不轻易否定其他同事的想法，因为不论是在哪个年代，否定总是容易让人受到打击。我不介意大家在想大概念的时候想到一个很细节的东西，因为这很有可能会产生出很棒的执行方案。

Ball Ball：我刚入行的时候也想过做那种刷屏的案例。但在以前那个年代，有很多时间去培训一个人，在一个人身上投资，这可以让一个只想着刷屏的人逐渐懂得什么是创意。他们会这样想也没有什么错，因为时代一直在变，创意是没有边界的。所以如果在这个年代，这样的形式可以刷屏的话，那就去刷屏吧。

Adams：对，无论什么年代，我们需要让年轻人说出自己的想法，然后我们可以让这个想法变成一个更有用的东西。

大创意：你进入中国广告行业近十年，感觉这个行业有什么变化吗？

Ball Ball：首先是人的变化，大家眼界都开阔了。以前很多人是进入了4A后才开始接触国外的文化、艺术、创意的，但现在，很多国内的网站甚至超过了国外的，人们的眼界自然就打开了，在进入广告行业之前已经开始接触这样的文化，接触得多了，自然对审美、创意的要求也就变高了。以前的广告是和自己斗，现在的广告则是和其他人斗。

Adams：我也认为改变最大的是人，当下人们的生活、看法和能力都变得不一样了。为什么年轻人变了？是因为选择多了，机会多了，所以大家会有更加自由的工作状态，做事情的态度也不一样了。

大创意：我曾经跟一些国内外广告圈的朋友聊天，大家都提到过中国的广告环境是独一无二的，因为中国市场的节奏快，但这样的快节奏会催生出很多无效的广告信息。你们怎么看呢？

Adams：我小时候在香港也见过很多垃圾广告，很多大的上市公司用很短的时间就可以赚很多钱，却不愿意投入更多的时间和钱来做好广告。在国外我也见过很多很烂的广告，我们之所以看到的好的作品大多是国外的，是因为我们没有生活在那儿。其实每个地方都有好广告和烂广告。现在的阶段大家都在往外看，还没有到向内思考的成熟阶段。

从历史上看，每个行业都会经历这个过程，只是广告行业还没有到那个阶段。我相信中国广告市场是存在很多独特之处的，但是还有很多方面存在共性，成熟只是时间的问题。

大创意：直观上理解，作为广告人应该想办法说服客户接受自己的创意，进而让该客户的消费者接受该品牌的产品，这是一件无比正确的事情。但大多数情况，我们只能做到对客户是否接受负责，那么大众的反应如何就成了一个赌局。你们是如何克服这样的问题呢？

Adams：营销和数据是两回事，不能依赖于一个创意。之前我在一家公司服务一个手机品牌，他们投放的费用很大，从来不考虑需要卖多少个手机才能收回成本，只会问，“这个广告投放之后会有多少人喜欢？这个品牌和传递的信息会有多少人认同？”成熟一些的客户都会这样思考，一些不太成熟的客户才会用数据来问。我没有遇到过不成熟的客户，如果遇到可能就走了。

Ball Ball：其实大家都应该变得简单

点，如果你想要回报的话，应该直接做促销而不是品牌，不要太贪心，不要想以一个品牌活动就达到销售的目的。现在很多甲方越来越年轻，经验不足，所以我们要不断提醒他们，每一次通过广告达到的目标一定要越单纯越好。

大创意：我和朋友聊起过，如果想要销量的话可以直接做买一赠一的促销活动，做广告不一定是立竿见影的。

Adams：现在的年代很难做到让消费者通过看一个品牌广告就留下些印象，立即去购买。前两年我们常做三年计划、五年计划，而近两年很少有人提起了。今天的中国发展太快了，让品牌商来做品牌推广是一件很难的事情。

大创意：身为广告人，你们如何评价一个作品是否是好广告？

Adams：刚入行时，我的老板做广告常常会思考几个问题，除了美感和创意之外，还有这个作品对品牌推广、对这个品牌有什么作用？读书的时候，老师说我们不是艺术家，是在做生意，一个有审美又有思考的生意。

所以一个好的广告作品，第一要考虑是否满足客户的需求；第二，在你接到项目并理解品牌之后，考虑这个广告能否让品牌有提升。能做到这样不容易，但这确实是一个很实在的标准。

Ball Ball：有一个词叫“打动”，“打动”虽然是一个点，但同时也可以对应不同的点。打动了自己，说明符合自己的初心；打动了消费者，说明他们可能会喜欢这个品牌；打动了想要入行的人，可以让更多有才华的人进入这个行业；打动了客户，下次再做传播的时候，自然就有了更高的要求。

Adams：其实就是连接，让品牌连接消费者，我们就是在做能够将二者连接在一起的东西。

大创意：我前段时间看 Ball Ball 的朋友圈，发现有一句话很有意思：广告打动了自己，打动了普通人，却从未打动它真正需要打动的人。这句话该怎么样去理解呢？

Ball Ball：韩国曾经在一座大桥上做了一个防止自杀的广告，这个广告打动了做创意的人，打动了观众，但是并没有打动想自杀的人，就是这么尴尬。

Adams：其实做广告很痛苦，你不能把自己喜欢的作品强卖给客户，所以就要很深入地思考，做到广告能够360度打动人。

大创意：你们遇到过这样的作品吗？

Adams：这和广告公司与品牌的成熟度有很大的关系。广告公司要做到作品可以让客户有收益，客户要非常清楚提供什么样的配合可以帮助广告公司做出客户想要的东西。

我服务过苹果公司，感觉非常骄傲，不仅仅是因为这个品牌是苹果，而是在和苹果合作的过程中，每一步都很有意义。无论客户还是代理公司都很清楚自己要做什么，整个过程都很专业。只有专业的配合，才有可能做到打动客户，也打动消费者。

其实作为代理公司，很难在短时间内影响一个品牌，更多的是甲方在思考该如何和广告公司合作。在中国我们更希望和甲方之间的关系是伙伴关系，而不是雇佣关系。在国外，伙伴关系是比较常见的。

大创意：Adams 之前服务过苹果，

我也很喜欢这个品牌。但是苹果和其他品牌不一样的是，它的产品本身就很有创意，所以给苹果提供创意是否会更容易？

Adams：其实我很少去做比较。每家公司都可以做苹果，但是没有一家公司可以做成苹果，因为很少有公司可以投入这么多的资源和理解。

很多客户听说我之前服务过苹果都会问，“我们可不可以也这样做？”我都回答说，“可以，但是我们现在还不具备这个基础。我们可以换一种方式做另外一个苹果。”其实我们不用踩着别人的脚印，完全可以走一条自己的路。

大创意：Adams，你最近比较满意的作品是哪个呢？

Adams：我以前服务苹果的时候曾经参与 shooting on iPhone 6 的推广活动，这个广告不是一个人的创意，中间的思考过程很长。

我们最初是从户外广告着手的，但是现在这个年代谁还会从户外开始做呢？客户也理解，只要达到目标，是不是户外已经不重要了。

大创意：你们会觉得卖创意更难吗？

Adams：卖创意比想创意困难 100 倍。我们过去在提案的时候会想出一些小创意，给客户一些小惊喜，客户以前会非常喜欢，但是现在不会了，因为大家连吃饭都没时间，更没空听这些小创意了。

大创意：两位现在来到 Serviceplan，感觉和以前在 4A 工作有什么区别？

Adams：我服务苹果的时候是在 Media Arts Lab， TBWA 旗下的一个独立团队，所以对我来说这两家公司没有很大的区别。Serviceplan在国际上知名度很高，但是在中国知名度还不够。

Ball Ball：我不太在乎新公司的名字是不是够厉害，更在乎工资高不高，最在乎的是对自己的提升大不大。和庄健的合作一直很开心，还可以虐一虐自己，有一种“明知道电源有电，但还是想摸摸看”的心态。我自己有一个理论，人是一个会自己生长的物种，比如刚进入社会的时候你是一个圆形，广告行业是一个正方形，那么要进入广告行业，就需要补全这四个角。当补好了四个角的时候，说明你在这个公司做得很舒服了，那么必须要换组或者去个“三角形”的公司，去补三角形的三个角，这样人才会成长，否则你永远是个圆形。

大创意：你们在一起工作这么多年，在想创意方面有什么独到之处吗？你们会吵架吗？

Adams：我们经常吵到互相不理对方的程度，但是我们的友情更重一些，吵完了还是朋友。我觉得Ball Ball的创意思考能力比我强。我喜欢去挑战，Ball Ball经常形容我是拆炸弹的人，他是放炸弹的人，我们的思考方法是很不一样的，但有一个共同的理念——想做好工作。只有在一起，两个人的优势才会更加凸显。

大创意：现在看对方，和十年前有什么变化吗？

Adams：我们都喜欢打游戏，我还喜欢运动。工作上，很多人说我太有逻辑了，而Ball Ball是抛物线，两人相辅相成。我们俩都是art base，但不代表我们不会写东西，我也经常会挑战文案的工作。

大创意：请给刚入行的新人一些建议吧。

Ball Ball：认真对待每一件让你不舒服的事，你认真对待，尽力做了，永远都不会浪费。就像恋爱，从相识到分手的那一刻，是从 1.0 的爱情到了 2.0 的领悟。但如果你不够认真，不全力以赴，就会永远停留在 1.0，无法到达 2.0、3.0。虽然全力以赴不代表一定有结果，但也要去全力以赴地做事情。

Adams：以前的老板教给我一句话"look at the big picture（以大局为重）"，这句话对我来说很有深度。每天都会遇到各种困难，但是不能轻易放弃，想想为什么要做这个广告，再看看为什么做广告。如果最初的想法还没达到就放弃了，那就说明没有以"大局"为重，只要抓住这个"大局"，做任何事都会有动力。

常驻问题

大创意：你们平时有什么爱好呢？

Adams：运动。

Ball Ball：打游戏、看电影。

大创意：请推荐一本你们最近在看的书吧。

Adams 和 Ball Ball：*The Subtle Art of Not Giving A Fuck*（《无所谓的微妙艺术》）。

An Interview with Bill Chan

抛开理性，找回本能，只管用心，喜欢就好

陈国辉

从事广告行业 20 余年。2000 年从香港来到内地，曾先后于上海智威汤逊、上海博达大桥、北京麦肯、北京奥美等担任创意部主管。2016 年，创立发记广告，任职文案。喜爱时尚、创意和文字，业余时间经营公众号《越穿越穿越》，并尝试设计不同的时尚商品。曾被国内外广告奖邀请当评委，包括 ADfest 评委、D&AD 评委、中国 4A 金印奖评委主席等。

大创意 × Bill Chan

大创意：您喜欢广告吗？

Bill：入行之前超级喜欢。做了一段时间之后，发现自己的思考模式已经离不开广告了。再后来觉得广告做得好的话，遇见什么问题都很容易解决。

其实我们每个人天生都是广告人。试想一下，你读了一本好书，是不是很想推荐给其他人？看完一部好电影、听见一首好歌、发现一家好餐厅，是不是有分享出去的冲动？这些就是广告人的本质。主要区别在于，如果将广告变成职业的话，你需要分享的，不一定是自己想推荐的。

大创意：您在想创意的时候，什么最重要？

Bill：我们经常将品牌比喻成一个人，广告就是让消费者爱上它。爱，是非理性的；不爱，才会理性地找出他的一千个不好（所以千万别问你的她或他为什么爱你，她或他如果能说得出来并不是什么好事）。

可我们判断一个创意好坏的时候，往往忘了爱。试着不要分析，抛开理性，找回本能，只管用心，喜欢就好了。尽

管消费者以后发现爱错了，但起码他们爱过。

大创意：您认为品位和创意的关系是什么？

Bill：无论是传播品位，还是其他载体的创意，我一直都很天真地觉得需要背负社会责任。除了赚钱以外，我们是不是也有责任提升民众的审美？最好的美化城市的方式，其实是导人以善，因为人心才是让人感觉美好的本质，其次才是物质的东西，比如建筑设计、传播物料等。

大创意：根据您多年的经验，撰写广告文案的秘诀可以传授给大家吗？

Bill：1. 写。

2. 再写。

3. 继续写。

4. 不停写。

5. 抽根烟，然后重复 1、2、3、4。

6. 喝杯咖啡（糖奶随意），然后重复 1、2、3、4。

7. 上个洗手间（大小随意），同时思考之后应该选择重复 1、3，还是 2、4。

8. 洗个澡（如果在家的话）或者回家洗澡（如果不在家的话），然后重复 1、2、3、4、5、6、7。

9. 重复 2、4、6、8。

10. 重复 1、3、5、7、9。

备注一：重复是秘诀。1~10 重复三遍

之后，应该有一两句较为满意、可以发展下去的文案。如果没能见效，可以酌量再加3~6遍。

备注二：本秘诀专供初级文案使用，有三到五年经验的资深文案，可以跳过1、2、3，直接从秘诀4开始。

备注三：依本秘诀修炼，不一定能越练越好，但至少不会让人越变越差。

大创意：该如何提高文案的水平呢？除了多读、多练习以外，在思维方式上应该如何去调整？您是否有喜欢的文案类型？为什么？

Bill：我们一般被文案打动，都不是因为技巧，而是内容。最近流行的“走心”，只是其中一种。而内容，只能看自己的修为，肤浅的人，永远悟不出什么道理来。

大创意：您认为最好的客户是什么样的？最好的广告公司是什么样的？

Bill：我不觉得最好的客户是给我们最

大创意空间的，也不觉得是给我们最多机会拿奖的，这些其实都和品牌本质有关。我认为，最好的客户是最懂得体谅我们的客户。体谅是什么？请体谅我不习惯直接告诉你。

相对而言，最好的广告公司是什么？

不是给你最高薪水的，也不是最鼓励你做飞机稿的，对我来说，应该是最尊重人的公司。广告公司除了人之外，还是人。你不同意这个观点，就是不尊重我，可我不会因为你的不尊重而变得志短，即便我有点儿穷。

大创意：您如何看待唱衰传统 4A 的言论呢？

Bill：时势英雄，英雄时势，潮来潮去，社会本来就是不断更替的。要说创意热店，其实香港十几年前就已经开始出现了。

当客户相信的是创意人，而不是广告公司，创意热店就会变成热点。

当客户相信的是公司文化、系统流程，传统广告就会壮大。

当市场需要短、平、快，传统公司就会因大而慢。

当品牌需要深思熟虑，创意热店就有高下之分。

传统大公司不尽相同，创意热店也各有所据，反正物以类聚，你是什么样的创意人就会吸引什么样的客户。

大创意：您离开智威汤逊之后，自己创业有什么心得和大家分享吗？

Bill：毫不励志的说法是：见步行步。进取一点儿的用词是：因事制宜。

简而言之就是检讨与修正。遇到问题，检讨原因；遇见顺利，也检讨原因；甚至遇上不靠谱的人，我也会检讨。小公司限制大，但同时灵活性也大，要看你怎么发挥。我完全没打算，也没资格批判哪个强。创业的目的如果离开钱，就没有什么可比性，但如果

只比钱，就只有一个赢家。有几个人是真心为了做首富？我记得一开始出来创业的朋友和我说过：创业不保证成功，但保证比打工好玩。

大创意：您创业之后是如何实现角色扩列的呢？

Bill：以前在大4A，角色单纯，管好创意部就可以了。创业后却必须身兼数职，除了是创意人员，我更是IT、人力资源、行政、财务和客服，还是流程质管。大至谈业务、想创意、去提案、抓执行，小至决定买什么办公用品，比如订书机、文件套、印泥盒等，偏至买域名、开邮箱、追欠款。

这些事情虽然烦琐，但还未到始料不及的地步，我甚至有点被虐得乐在其中的感觉。这个角色的变换，值得细细品味。

大创意：发记广告的独特之处是什么？未来会有什么计划吗？

Bill：发记之所以叫广告公司，是我自己的一个情结，毕竟那么多年我都是做广告的，所有学到的东西都是广告教会我的。另一方面，我希望发记广告做的不只是传播，我想把学到的广告传播、创意思考方法应用到其他地方，比如产品设计，但现在还是摸着石头，过的是河、是溪、是海，还不知道。

An Interview with Danny Chan

好广告的组成要素：态度！态度！态度！

陈永泰
香港创意人，123 JUMP 创始人兼创意总监。

大创意 × Danny Chan

（上） 三个“态度”，是整理完和 Danny 的对话内容后我所总结出来的题目。除了有“重要的事情说三遍”的考虑之外，更重要的是，这三个态度一一有所对应：第一个态度，讲给现在部分对品质没有追求的广告人听；第二个态度，讲给还没想通价格和价值之间的差别的客户听；第三个态度，讲给墨守成规、不敢创新的广告公司听。

和 Danny 的对话基本上算是脱稿秀，见面之后，大家一拍即合，“唾沫横飞”“脑洞大开”，根本停不下来。我们吐槽了很多，吐槽真的是一件过瘾的事情，但吐完之后，还是隐隐的有一种不知该如何是好的小忧伤。但我还是希望能够通过我们的早午餐时间去多传递一些这样的声音，就像 Danny 参加“甲方闭嘴”的项目时抱有的态度一样，影响效果未必是立竿见影的，但至少看到的人能够了解到真正的广告应该如何去做，说不定未来的广告人和大客户们就在看这些文字的人之中。

Danny 是一个很有活力、也很有激情的人。他问我对他的作品的感觉，我脱口而出的几个字是：“我觉得你胆子蛮大的。”他的确是胆子很大的人，我认为他的胆大很大程度是来自他的激情。比如大家一般不会随便裸辞，但他裸辞了两次，每一次都是为了追求他认为对的事情。

广告需要创意，需要创新，同时也需要大胆。我觉得这三点 Danny 恰好都做到了。

大创意：Danny，你来内地 12 年（在 2015 年采访的时候是 12 年），辗转北京、上海、广州，对于整个中国的广告环境，你有没有什么特别的感觉？

Danny：我觉得中国的广告圈和国外相比较，最大的不同是对于作品品质上精致的界定和追求的程度不同。

大创意：现在的广告公司和广告人，你觉得和以前相比有什么不一样吗？

Danny：其实无论是哪个年代的人，“70 后”“80 后”“90 后”，他们对于广告都是有激情的，但很多人做了一两年之后，就开始失望了。我有一个出生于 1990 年的同事，他跟我说：“Danny，我想出国读书，然后就不回到这个行业了，因为我看不到我未来的路要怎么走，也没看到在我读书时期所了解到的广告行业的样子。”广告圈其实存在着很多问题，但是大家都没想过要去看看根本，也没去想怎么解决。一些大的广告公司，有一套自己的管理方式，但是在这套管理方式下面多走几年，就会觉得很悲哀。这一套方式从 19 世纪 60 年代用到现在，完全没有变过。而一些互联网公司可能更在意自己产品的创新，相比之下，广告公司的这一套方式就没有变革。

大创意：其实做创意和创业有时候也是很像的，都是一个不断试错的过程。

Danny：是的，没错。

大创意：说回广告的质量，我经常在坐电梯的时候看那些楼宇广告，就想这样的画面，这样的文案，怎么就能放上去呢？他们服务的客户，可能接触到的广告人很有限，就会认为广告人或者整个行业做出来的东西都是这个水准的。

Danny：这就回到了态度的问题，个人对品质和专业度的追求够高的话，不用别人要求，你也会主动把一件事情、一个作品的质量做好。我最近在关注一个手机品牌，听过他们 CEO 的一些讲座，有人问他们的创意是谁说了算，他说“当然是我喽”，因为他作为一个 CEO 不能不关心这个。他所做出来的手机在国内属于 Geek（高手），好评度高，虽然是小众的，但是在小众市场，他们很注重质量和品质的追求，我觉得那是一种态度。不过也有很无奈的情况，就像我之前去厦门见一个客户，他要拍一套照片，我说需要 20 万的费用，他却问 2000 拍不拍，因为厦门的市场价格就是 2000。

大创意：现在整个行业几乎没有对于创意的价值标准，大家看到的都是价格。甚至我还了解到有些公司出了包月设计的项目，一个月给五六千的月费，然后帮你无限量地做设计。客户好像对这方面的要求也不高，创意的价值完全没有体现出来。现在互联网发展很快，大家跟风跟得非常严重。

就拿社交媒体来说，刚出来的时候，大家一哄而上，一些跟风的客户看到别人在做，自己也要做，至于这条路走得对不对，需要一个观察的阶段。这样一来，他们投入的资本不会那么多，做出来的东西也没办法达到一个很理想的状态，最后却想要销量。

Danny：很多人对社交媒体这件事情都有错误观念，认为设计不用钱，运营不用钱，传播不用钱。那请问谁帮你写文案？谁帮你设计画面？谁又来帮你传播呢？这些在客户打算做社交的时候就已经形成了一个错误的判断。就像我和朋友聊剪头发，很多人认为花 800 块剪头发简直是乱来，100 块钱还能忍受，最好是 50 块、20 块。但是他们没看到的是 800 块一次的造型费有发型师的设计和工艺在里面，这个价值不是简单的用价格可以衡量的。这和做广告甚至做其他事情都是一样的，你要更好的，就需要付出和那个等级匹配的价格。

大创意：说起这个让我想到，中国人其实很少有愿意为服务买单的习惯。从给小费就能看出来。在中国，一杯饮料很贵的原因是，除了这杯饮料本身的成本和利润之外，这里面还包含了服务员的薪水和喝这杯饮料的环境成本。而国外的很多餐厅，服务员是没有薪水的，他们挣的就是小费。其实我觉得国外挣小费的这种模式，未来也会成为广告行业的趋势，就像很多美国的医生一样，同时供职好几家医院，设备和一起工作的伙伴由医院提供，医生本人是自由的，而由于他是独立、自由的，就会更加对自己的工作质量负起责任，因为他不是在打工，而是在经营自己的事业。

Danny：这是对自己本身的一个根本态度的问题。

有很多人在说，“Danny，反正你现在不是没有名气，做出来的东西也不是不好，不用那么拼，就混吧。”如果现在就开始混，那再混30年之后，我要死掉吗？有很多人并不是为了钱去做事，而是因为喜欢去做一件事。如果打工的话，是帮别人做事，可能一开始有激情，几年后，激情就慢慢被消磨掉了。

大创意：是，一旦不爱自己做的事就会过上越来越辛苦的日子。所以我觉得自由职业者的文化需要在中国的社会中形成。一旦自由了，大家可以选择自己喜欢的事情去做，并且都是带有责任感地去完成一些事情，因为所做的事情跟自己的口碑是形成捆绑关系的。而且应该形成一种方式，就是你先提出愿意为这件事花多少钱，再看有多少人愿意为你效力，完成工作。这才是一种公平的方式，而不是客户只是掏钱来买一个产品那么简单。

Danny：国外就有这样的例子，有的人在网站上发一个需要翻译的项目，出价5块、10块、50块都没有人来做的话，最后会提到100块，那觉得和自己价值匹配的人自然会来帮你把这件工作完成，这就是游戏规则的一种体现。

大创意：你当时是在什么样的情况下参与“甲方闭嘴”的项目的？

Danny：当时是小马宋找到我，跟我讲这个概念。可能之前没有讲得太清楚，我就一直推诿，后来他仔细讲了整个游戏规则，包括会有出版物，我认为这是一件好事，因为这样可以对更多人产生影响，可能被影响的人还在读高中、大学，但你不能否认他们之中可能会出现像马云这样的人，我们现在做这件事情能提前影响到他们，对于广告环境来讲，是有帮助的。

大创意：在这个过程中你的经历是怎么样的？

Danny：我从客户名单中挑选了沃尔

沃，听了他们的需求，并按照需求做出了我认为满意的作品。按照游戏规则，一直到出版之前我都没有让客户看过我的作品。当然作品发出之后，客户觉得有可以再完善的地方，但是游戏规则是这样，我们都选择了遵守规则，所以，客户对我也没有干涉。但是我们这个项目的微信群里真的有人说客户不让他把作品发出去，因为有些甲方还是以上下级的方式在和创意人沟通，并不是所有的人都是站在同等地位沟通，所幸我接触的客户至少是和我平等沟通的。这是游戏规则。

大创意：我在之前的采访中也和其他创意人聊起过，有的时候真的是甲方和乙方协作出来的作品才是好的作品，而不是甲方花钱为自己找一双手那么粗暴地去对待一个创意的过程。

Danny：对，你让一个艺术家照着你给的杯子画一个一模一样的杯子出来，这是很可笑的。

大创意：你做这个项目的时候是一个人做吗？

Danny：对，一个人，我在有些工作上是倾向一个人去创作整个内容的，然后再去听别人的意见。就像我之前说的，看完我的作品，你认为好的、不好的都告诉我，既然我放出来就是要给别人看的。

大创意：我看完你的作品整体感受就是，你胆子蛮大。

Danny：好多人都这么觉得。

大创意：但我觉得“胆子大”对于创意人来说，无论是做传统广告的还是做社交广告的，都是一件好事。因为你敢玩儿，才能够玩得比别人好。

（下）

和 Danny 的聊天用“根本停不下来”来形容再合适不过了。下半集的访谈，我们主要聊了他的一些案例，和他在数字化方面的一些观点。

我很同意他的一句话，“我之前认为广告是生命，但现在觉得创新的创意才是生命。”

生活当中从来不缺乏乐趣，Danny 是一个很容易从生活中找到乐趣的人，我感觉，一般他开口说无聊的时候，正是他觉得这件事有意思的时候。

到目前为止，我所认识的，能够做出优秀创意的人，都有一个特点，就是每天都在玩儿，玩自己认为有趣的概念，玩别人没想到要去玩的事物。

大创意：士力架《饿货卫视》的广告，当时你们是怎么想到用他们的？

Danny：熟悉我的人都知道，我经常会说“我不相信靠一个人就能成为英雄”，我也不相信一个 ECD 就能把所有的事情做完，所有好的东西都是合作出来的，一定要有人和人之间的化

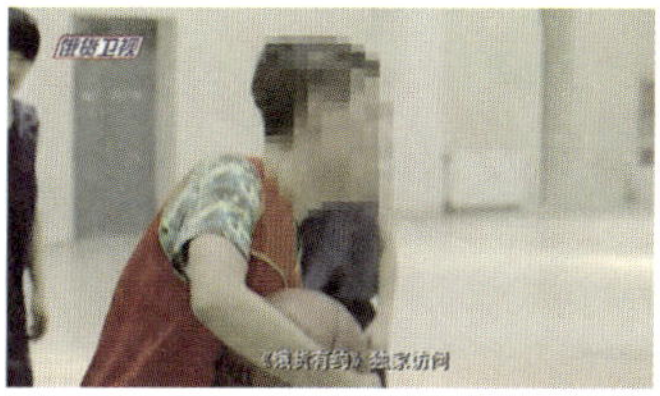

士力架《饿货卫视》

学反应。当时团队里面有一些伙伴在煲剧，接到这个案子，大家就提议要这么做，我虽然不看这些剧，但充分相信我的团队。我可能和其他人不太一样，我的一贯风格是放心让创意人去做事情。他们把想法跟我讲了之后，我会帮他分析可能面临的风险，然后问他确定行吗，如果得到的答案是肯定的，那我一定会让他去做。因为每一个人都是这样成长的。不被客户骂，不碰壁，不被辞退过怎么会成长呢。你说我胆子很大，很多人也说我做的事不像这个年纪会做的，因为我会做一些我觉得是对的事，比如裸辞。

大创意：广告人就应该要去体验各种各样的人生。因为只有你体验过了，才有可能为客户创造出有不一样感觉的东西。体验是创意中很重要的一个环节。

Danny：对，所以态度很重要，体验的过程会带给你其他的东西，就算你没有花时间从头去研究一件事情，但这个体验的过程也会成为你内涵的一部分，这就是态度上的分别。就好比昨天有个人跑过来问我："白咖啡之所以叫白咖啡，是因为咖啡豆是白色的吗？"我当时很无语，心想你开会不做功课的吗？去Google查了吗？去Wiki查了吗？能不能去YouTube上学一学？为什么会问这种问题？我觉得这就是态度的问题。当然有些产品的确是我没办法体验的，比如我刚入行的时候，被分配做一个关于卫生巾的方案。当时我还是一个文案，写出来的东西，CD怎么都不满意，她让我去感受，但是，这种东西我真的没办法去感受。

大创意：那你觉得广告是一个人可以完成的吗？

Danny：基本上点子和想法都是一个人的，团队的作用是可以让这个想法变成现实或者变得更加丰满。对于广

Windows phone

告来说，你可以一个人做，可以两个人做，也可以一个团队来做。团队的好处是可以一起头脑风暴，但这个团队里的人一定要是水平相当的，这样你们才可以玩得起来。这跟打球是一个道理，一定要球技相当的人在一起玩儿，否则没办法打。我遇到过最可怕的事情是，12 年前来到这里，公司的一个团队的领导者，每次到头脑风暴的时候，就会让全公司的人围成一个圈，真的是要把人弄疯的感觉。我不相信一个大的团队，反而认为每个成员水平都相当的小团队，会使整个创意产生的过程变得很有趣。

大创意：那你有过这种小团队的工作经历吗？

Danny：有过。之前在伟门，一般提案前，我会召集 5~6 个 CD 级别的同事，关在一个房间里一两个星期，进行头脑风暴。那个过程是非常过瘾的。

Windows phone

现在，当年那个团队的人都在不同的公司了，但是我们聚在一起时还是会说，当年真的是特别美好的一个过程。那个时候我们去提案，一年后收到老板的反馈说，“你们每次去提案的创意很好，但是讲几句之后，客户就听不懂了。”于是我们在创意上用了很多想法，包括mind control（意念控制）之类的。我曾经在提案的时候戴着从淘宝上买的那种猫耳朵，对客户说：“这个不是想法，而是已经实现了的，”并指着我的猫耳朵说，“你看我多兴奋啊！”但是客户听了还是没反应。后来我们在国外的很多地方都看到了这个创意，就想我们这帮人要是在国外的话，肯定会遇到一些不一样的情况。因为我们想出来的东西很超前，在国外可能会比较容易实现，但这是市场的原因。

大创意：小圈子的工作方式真的会让人乐在其中，外人看来可能会觉得不理解，但是在这种小圈子的工作氛围里，首先有的是认同感和成就感，自然产出的东西也是不错的东西。

Danny：对。当时我们关在一个大会议室里，外面路过的人就只能听到里面“哈哈哈”的声音。老板也不管我们，让我们自己去做，基本上那一整年我们都是在比稿。

大创意：我觉得Windows surface那个线下活动的创意真的很聪明。

Danny：坦白地说，那是我在数字化公司的第一个项目，是针对美国做的。当时我们的团队由于各种原因没办法去对接美国的客户，所以我和当时的ECD商量自己做，就两个人来做这个项目，当时是很疯狂的，是基于一种好玩的心态。虽然当时遇到的问题很多，但是我个人很喜欢。

Microsoft dinner for 8

大创意：你在现场有没有遇到什么问题呢？

Danny：拍摄时没有很多问题，但剪片的时候有。我们去了很多地方，包括北京、日本、印尼、泰国和马来西亚等，每一个地方都会拍很多东西，那时候我离开家差不多有1个月的时间，整个过程拍得很顺利，很开心，但回来后，客户觉得没有必要拍那么多人家的生活，所以提了很多意见。

大创意：所以创意人胆子大是一方面，有客户愿意跟你一起胆子大也是很重要的。你认为数字化成功的要点是什么呢？

Danny：其实在2009年我就和当时所在的公司说要发展数字化，但当时面临一个先有鸡还是先有蛋的问题，老板要我给他一个做数字化的客户，客户要我先给他看案例，所以就很矛盾。2010年，我想去读书，但是公司没有同意给我时间，我就辞职去追求自己认为更有价值的事情了。5年过去了，数字化的环境一直在改变。现在很多人认为数字化只是个渠道，但我认为数字化应该是内容，否则你就会把自己做成一个供应商。不过数字化也是随时在变的，但很重要的一点是：创新，以科技为中心的创新。

大创意：你平常都是怎么保持活跃的创意呢？

Danny：睡觉和运动。

大创意：创意和广告对你的生活有什么影响吗？

Danny：我之前觉得广告是我的生命，但后来觉得广告是一个范围，创新的创意才是生命。创意是能够去传达信息，让大家的世界观受到影响的。我不会把广告当作是我的工作，那是我

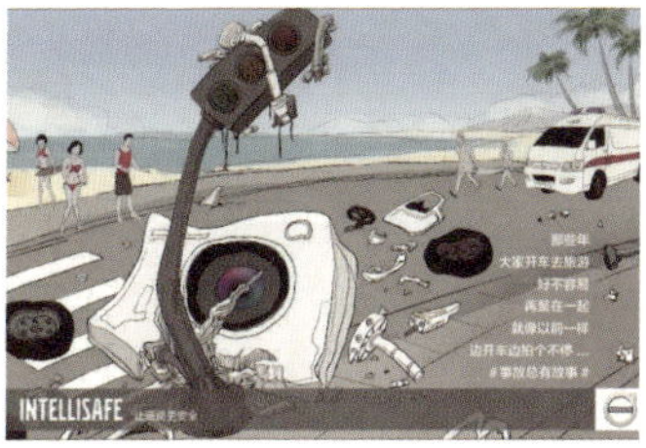

的兴趣。一定要跟不同的人去交流、去看世界、去看不同的事情。有一些东西你是不可能懂的，那就找一些人去问、去交流。

大创意：如果你不当广告人了，会选择从事哪个行业呢？

Danny：我觉得身边有很多事情可以做！以前觉得如果发生这种情况就是世界末日了，但是现在不当广告人也会有很多其他的工作，比如大学的老师，或者与小孩子相关的教育工作，等等。其实某些事情如果只看金钱的话，就没办法活了。我总说以后要是没事做，身体还行的话，就去开出租车，我不把广告看得很高。

常驻问题

大创意：你早午间都在做什么呢？

Danny：基本上是在公司上班。

大创意：你都有哪些爱好呢？

Danny：和孩子在一起，观察他们，他们可以带给我超乎灵感的乐趣。比如早上看着我家小孩吃麦片，他吃得好像很美味，发出那种“咔哧咔哧”的声音，我觉得很有趣。

大创意：你最近有看什么书吗？

Danny：我看书的频率还挺高的，最近刚刚看完 Stephen Hawking 的 *Great Design*。

大创意：请帮我推荐下一个受访者吧。

Danny：黄伟。

An Interview with Ben Sun Erhei

最年轻的首席创意官的广告创意观

孙二黑
汉威士创意集团中国区首席创意官兼上海总经理。

大创意 × Ben Sun Erhei

从知道即将采访孙二黑先生开始，我们就在互联网上疯狂地搜索关于他的一切新闻和访谈，但结果是，除了了解到他是 HAVAS 中国的 CCO，并且在 HAVAS 工作了长达 11 年之久以外，我们连他一张正面照片都没有找到（但是找到了背面的）。我当时为这次访谈捏了一把汗。好在后来加上了微信，使我能够在正式访谈之前和这位大人物相互熟悉和预热一下。作为全球六大广告及传媒集团 HAVAS 在中国区最年轻的首席创意官，同时是全球创意委员会首位中国本土委员，这样的“不动声色”引人好奇，因此在正式访谈之前，我特别问他何以如此，他笑说，低调且神秘的人设算是他自己的一个品牌区隔。

从回答问题的风格和方向来看，孙二黑绝对不是一个按套路出牌的人，因此本次访谈的阅读体验会如坐过山车一样。比如，他认为帮助脱离思维瓶颈的不二之法是截止时间；他与“90 后”的相处之道是：不端架子，也不要装，总之不要端庄；他最近在读的一本书是《全食物调养秘笈》（破壁机养生食谱）。当然，更多的还是他对这个行业的不一样的看法。

对于这次的访谈，孙二黑表示，绝对不要传道、授业、解惑，居高临下灌输的那种范儿，最好是简单、炫酷的思维碰撞。因此，我们有了下面这一篇，言简意赅、绝无废话的访谈。请各位系好安全带，扶好帽子，我们发车。

大创意：您最初为什么会选择进入广告行业呢？

孙二黑：找工作的时候，这行收入还算高。

大创意：广告最吸引您的地方在哪？

孙二黑：这个行业，从来没有标准答案。

大创意：作为最年轻的国际4A首席创意官，当年您刚上任的时候，会有压力吗？

孙二黑：没有。

大创意：您在创意方面做过最疯狂的事是什么呢？

孙二黑：作为脑力工作者，疯狂不是我的风格。

大创意：谈谈您对中国当下广告环境的感受吧，与您刚入行时有不一样的地方吗？

孙二黑：入行时，收到的简历来自

985；入行时，工资比肩四大会计所；入行时，办公室都在中央商务区。

而现在，优秀、聪明的年轻人都不愿意来这个行业了，这比媒体环境的变化、移动互联网的冲击更要我们的命。

大创意：之前看您在别的地方说，做广告就是谈恋爱，能帮我们的读者深度剖析一下这句话吗？

孙二黑：短期传播，像恋爱；树立品牌，像结婚。乙方，会谈恋爱的很多，经营好婚姻的很少；甲方，能和你谈恋爱的很多，让你长期幸福的很少。

交往之前，请先认真审视双方的目的，确定要恋爱还是要结婚，千万不要耍流氓。

大创意：在您的广告生涯中，挑过客户或拒绝过客户吗？

孙二黑：从来没有。

大创意：您是如何做到在广告行业里11年都不跳槽的？

孙二黑：为什么做广告的一定要跳槽呢？这是行业现象，但一定不是行业真相。

大创意：HAVAS最吸引您的地方在哪里？

孙二黑：是那一帮跟着我没日没夜奋斗、自认最牛、却永远也填不好时间表、不按常理出牌的弟兄们，无论他们还在或者离开，比心！

大创意：关于芝华士《Dejavu》广告，当时为什么会想到找王家卫作为这则广告的导演？

孙二黑：造化弄人。客户的法国大老板是王家卫的“迷弟”。因为当时芝

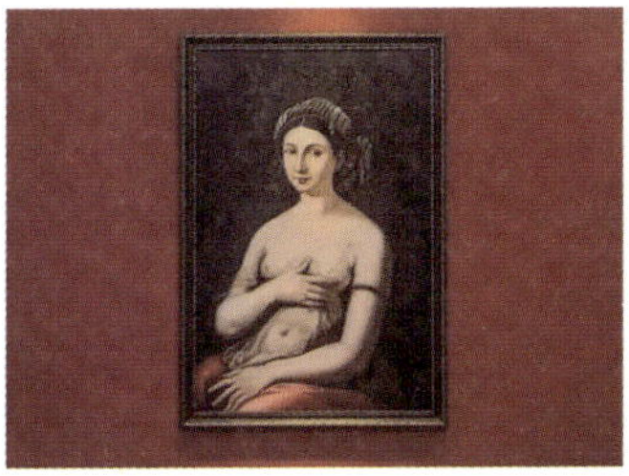

Look at breast

华士倡导兄弟情，所以我推荐的导演是个人最喜欢的杜琪峰。得知要用王家卫，我两眼一黑，他拍过的兄弟情，可是《春光乍泄》啊。

大创意：从广告的风格到文案，包括演员的选择都充满了王家卫的风格，王家卫当时也参与了广告的创意阶段吗？

孙二黑：虽然他拍片从不看脚本，但王家卫对故事的要求非常高。从脚本到拍摄，他完全让我知道了当时的上限在哪里。

大创意：为什么会想到“邂逅”这个主题？

孙二黑：既然不谈兄弟，那就来论男女。男人火热如威士忌，女人高冷如冰块，冰与火相遇后，能保存多久呢？既是邂逅，也是分离；既是永恒，也是瞬间。

大创意：请谈谈之前那个刷屏级作品《Look at breast》吧，为什么想到用画展的形式来表达呢？

孙二黑：一是规避女性裸露的身体不允许出现在公众媒体，乳腺癌很难被广泛传播的问题；二是希望这一道道深刻的疤痕不只在一幅幅名画上，更将成为刻在人们心中的一道道烙印，永久地警示人们乳腺癌的危害。

大创意：现在人们都在说人工智能，我们了解到 HAVAS 对科技领域也很重视，您认为未来人工智能能否取代人脑想创意呢？

孙二黑：HAVAS 是全球第一个将人工智能应用在消费者趋势研究及市场传播的广告公司，我们和顶尖人工智能研究机构 IBM Watson 是战略合作伙伴，曾成功预测出特朗普当选美国总统及选票比例。

未来人工智能不光会想创意，而且会想出一种只有人工智能受众才能理解的创意。我倾向把人工智能当作一种新的人类种族，他们有自己的语言和文化，笑点、哭点会和我们不同。

大创意：今年去戛纳，您最大的感受是什么？

孙二黑：政治务必正确，政治无比正确。

今年的得奖爆款们，都立意在人权、女权、难民、伦理等社会问题上。因为最近一年，欧洲和美国都非常不太平，来自西方的主流评审们看到这些要改变全世界、拯救全人类的案例，难免感同身受，给出高分，但同时确实忽视或低看了那些解决真正商业问题的好创意。

大创意：对于广告作品去参奖，您的态度是什么呢？

猩猩打鼓

孙二黑：有兴趣就参加，没兴趣就不参加。

大创意：您觉得科技和互联网品牌会给广告行业带来什么样的影响？

孙二黑：最终取代 4A 的，不会是创意热店，而是这些科技和互联巨头。他们是我们这个行业的头号敌人，但也是最大的希望。

大创意：一个优秀的创意人应该具备哪些素质呢？

孙二黑：有趣。

大创意：在您看过的所有广告案例中，您最喜欢的作品能分享一下吗？

孙二黑：吉百利巧克力的猩猩打鼓（Cadbury's Gorilla）。大家都试图破解这个创意意图，但从来没有标准答案。

大创意：天赋和勤奋，哪个对创意来说更重要呢？

孙二黑：勤奋就是天赋。

大创意：如何克服思维上的瓶颈呢？

孙二黑：一般来说，帮助克服瓶颈的，都是截止时间。

大创意：听说您的团队中有很多也是年轻人，您和他们的相处之道是怎样的？

孙二黑：不要端架子，也不要装，总之，千万不要端庄。

大创意：如果有一天您自己开一个自媒体，打算发什么内容呢？

孙二黑：如何简单、粗暴、快速地处理三个娃和一只猫的家庭纠纷。

常驻问题

大创意：请推荐一本书或一部电影吧。

孙二黑：《全食物调养秘笈》（破壁机养生食谱），陈月卿著。

大创意：您的日常爱好是什么呢？

孙二黑：买鞋。

大创意：帮我们推荐下一个受访者吧。

孙二黑：费威。

An Interview with Sandy Ng

现在这个广告行业需要我们回归本质

吴荣茵
北京奥美广告董事总经理。

大创意 × Sandy Ng

在见到 Sandy 之前，她给我的感觉有点像中国版的雪莉· 桑德伯格，典型的女强人形象，而且都是齐肩短发，所以，在去采访的路上，我一直担心 Sandy 会有些距离感。但一见面，之前的担心都没了，Sandy 给人的感觉非常亲切，整个过程不像是采访，更像是朋友间喝杯咖啡，聊聊天的感觉。

在聊天过程中，Sandy 给我最大的印象就是她的那份坚持与执着，她很清楚自己想要什么。在很多广告人都追求刷屏的时代，Sandy 对广告有一份自己的坚持，她坚持真正从策略出发，了解品牌、服从于品牌的需求，给品牌设计一个长远的规划，而不是只追求短时的热点。对于每天都是跳槽季的广告圈，在奥美待了二十多年的 Sandy 对奥美也有一份自己的坚持，她认为奥美不仅仅是一家公司，更代表了一种很正确的价值观，在注重创意的同时坚持着自己的道德准则，这是她所看重的。而对于广告这份事业，二十多年坚持的背后原因很简单——希望可以通过自己影响到更多人。

大创意：从您入行到现在的25年里，您感觉广告行业最大的变化是什么？

Sandy：在我看来，有两次比较明显的变化。第一次变化的动因是来自广告行业内部。在我刚入行做AE的时候，媒体、创意全部在一家公司，广告公司是收取佣金的，客户给我们一笔市场预算，由广告代理商负责品牌传播的所有规划，从媒体选择、预算分配、推广活动，到广告，从策略、创意，到执行。后来，传播集团开始出现把媒介分离出去的趋势，这是广告行业最大的变化之一。

我个人认为，这个变化所造成的影响在于：起初，客户把所有市场预算交给广告代理商分配，我们的主导权比较高，做传播的形式自由度也比较高。演唱会，油站派送产品、样品，这些形式我都做过，毕竟代理商所做的一切都是为了客户的生意，我们只要找效果最好的方式帮客户推销就可以了。可是广告公司和媒介公司各自独立以后，广告代理商就没有太大的空间去协助客户做整盘规划，这个传播资源整合的工作就变成客户自己完成了。但传播只是客户工作的一部分，他们没有办法花那么多精力在传播上，所以就开始找专业的公关公司、数据公司、各种传播行业的专家，结果导致广告行业从整合型逐渐演变成专业领域细分类型。

第二个变化是科技带来的，这是外部的变化，非常有趣。在我看来，品牌就像一个人。以前的模式是我告诉消费者我是一个怎么样的人，但现在因为科技的关系，消费者直接触达品牌的机会很多，广告没有办法再去单方面传播给消费者“我是一个怎样的人”，消费者自己会通过方方面面的渠道去理解这个品牌到底有怎样的特性。所以，现在说“内容为王”，其实就是让消费者来体验这个品牌，这些都是科技造成的。

现在，品牌更需要清楚自己是一个“怎样的人”，这时候品牌的真实性就很重要了。因为品牌每天的行为都在反映这个品牌到底是不是自己所描述的那样，消费者对品牌的这些行为是有目共睹的。我觉得这是广告行业另外一个很大的变化。

大创意：原来是品牌向消费者做自我介绍，而现在变成了消费者参与到品牌建设的过程当中，每一个环节都脱离不开消费者。所以这个时候无论做广告也好，做品牌也好，其实机会是无限大的。

Sandy：没错，现在我们帮客户打造品牌，要对这个品牌，对这个企业，以及未来的战略发展等都非常清楚，只有这样才能确保每一个行为都是恰当的，所以难度会变高，可是机会也同样会变多。

大创意：您刚才提到，现在是“内容为王”，很多品牌也会直接找到那些内容的生产者发布广告，这种现象，会是对传统广告公司的一种挑战吗？

Sandy：某种程度上是的，但传统广告公司这个概念本身太模糊，范围界定太广。我认为广告公司可以分两种：有一种所谓的传统广告，以制作抓眼球的短时最大化传播为主，造成短时内的传播热点，让大家知道产品的卖点。而奥美从来都不是这一种。另外一种广告公司是真正从策略出发，了解品牌，给品牌一个长远的规划，所有的传播都围绕着品牌的“大理想”展开。可能它最后呈现的也是人们所看到的“传统广告”，但是形式只是内容的载体。

我个人觉得，在“内容为王”的环境下，第一种广告公司会走向穷途末路，第二种则前途无限。因为如果只懂抓眼球，做一些瞬时高效的传播，会很容易被一些内容或是资源平台、数据平台打败。不去构想品牌长远的发展，只是在这个传播环境中做一些吸引注意力的传播炫技，就会让人们觉得那些内容平台、社交平台可能更容易做得好，这一类型的公司就会渐渐失去核心竞争力。可是也有很多传统广告公司，是从营销的角度出发去思考品牌的，而不是单单做一个引人注目的广告那么简单。首先要懂客户生意是怎么做的，才知道品牌的角色应该怎么去定义，最后的呈现才是传播。而这些传播，是从品牌与营销策略思考产出的内容传播，不只是广告，可以有各种内容的形式，我觉得奥美属于这种公司。

我们的客户里有很多大客户，他们会找一些不错的广告公司，在我们想好策略后各自落地，可是对于这种模式，一些国际、国内客户都发现有很大的问题。实行了几年后，有一些社交活动初看之下很不错，但数据表明，那些活动对品牌没有什么长远的帮助，没有积累，品牌的 KPI 也没有因为那些活动而增长，而且这些活动和品牌还有些脱离。我自己的看法是：必须要回到原点。所有传播都需要服务于营销的需求，服从于品牌的需求。必须要有资深的、真正懂市场的人才能做到，有这样能力的公司才是那些大客户真正需要的。

所以我认为未来媒体、创意应该是重新聚合的，这也是为什么我认为“内容为王”会对第一类公司有冲击的原因，但是对于那些功底很扎实的，对市场、营销了解很透彻的公司反而是很好的机会。

我们这种类型的公司未来要做的事情就是通过一种模式，打破内部藩篱，将我们的业务元，所有的优势领域整合到一起，这也是我们未来“一个奥美”这个构架希望能实现的愿景。因为目前，客户用了很多不同的代理机构，很难确保将我们的想法传达到每一个合作伙伴，所以“一个奥美”的意义就在于：灵活调动各个方面的能力，服务于客户的利益核心。整合，才是客户真正需要的。

大创意：我昨天也在和朋友谈论这个

问题，市面上有很多广告是触达不到消费者的。很多广告，只有那些圈内的人看过。中国市场上有很多广告是看完热闹就散了的。

Sandy：所以我们这个行业在中国是不成熟的，不过没关系，过一段时间就成熟了，只是需要时间而已。而且现在客户也已经发现问题所在了，这是一件好事。未来会有一些资深的懂市场、懂传播本质的人来做客户的大脑，也会有很多不同传播渠道的专业人士，所有的这些都会专业化。

比如，未来有一个很重要，也是我一定要抓住的核心能力——如何利用数据去引导策略和创意。以前总是觉得策略和创意没办法评估，想了很久也不确定对不对，但是现在有了数据以后就有了依据。现在很多人在谈数据，但其实很少有人真正用数据去引导一个好的策略和好的创意，至少我认为目前这点尚不充分。“一个奥美”希望把数据分析运用在未来品牌规划里。不过要真正弄懂这些数据并不是那么简单的，现在很多公司只是单纯为了做数据，但这些数据和市场、品牌没有关系。这也是我们接下来要努力的方向。

大创意：您认为奥美作为行业中的标杆，在现在的广告环境下，它独特的优势在哪些地方呢？

Sandy：我记得刚进奥美的时候，也问了 TB（宋秩铭）同样的问题：奥美到底好在哪？他告诉我：很多地方是因事设人，而奥美是因人设事。

当时因为年轻没有太理解，可是在奥美工作了这么多年之后，在我身上确实发生了这种情况。在奥美，只要做好自己的工作，在事业规划的时候，如果想要做一些不同的事情，就可以提出来，老板会尽力帮你去安排的。

我在奥美的这二十多年，每一次想要做什么都会被批准，哪怕连我自己都不确定能不能做好的事情，公司也会去安排。奥美是第一家设立策略部门的公司。1998年的时候，公司来了一些英国人，每个办公室都有一个国外的策略师，同时有两三个本土的策略师。那个时候我是客户总监，但不喜欢天天做同样的事情，所以要求从客户部门转到策略部门，公司同意了。后来我觉得在香港做内地的客户没感觉，就要求去内地做本土的客户，他们同意了。在上海奥美的时候，我觉得自己好像只懂奥美这套，其实我们收购的其他公司做得也很好，就要求和TB去那些并购公司，他们也同意了。我每一次的改变都有自己想要去尝试的事情，虽然前提都是如果做不好，就要回去干以前的事情，但是公司会为我想做的那些事做安排。

所以因人设事这点在我身上是完全能体现出来的。我认为应该没有太多公司可以做到这一点，因为它有两个前提：第一是它真正的尊重个人，第二是它要有能力做到，也就是说它的平台要够大。所以这两点是我觉得奥美最吸引我的地方，或者说是我一直能待在奥美的原因。

除此之外，奥美还有一个很好的地方，就是可以和很多聪明的人共事。每天工作都会碰到一些很聪明的人，在这种环境下人很容易成长，这些在其他的一些公司不是天天能接触到的。

大创意：现在这个行业随着互联网的发展，客户的需求肯定会有所改变，那您觉得在客户需求方面有明显的变化吗?

Sandy：如我刚才所说，整合的要求会变得很高，因为客户开始怀疑过去花的钱到底花对了没有。现在的环境变得很复杂，不像以前那样很容易就可以做判断和下结论，所以客户会要求两件事：第一，跟他合作的代理商一定要是懂市场、懂品牌、懂传播本质的人，这样才能够做他传播领域的大脑；第二，需要数据去证明他做的事情是对的。所以除了要有创意之外，这两点是未来客户一定会需要的。

大创意：所以奥美现在是不是也在根据这些需求做一些调整呢？

Sandy：对，奥美有很多很聪明的人，以前这些人分散在奥美集团下的五六家公司里面，现在，在“一个奥美”的体系之下，人才会集中起来，以客户导向的方式来服务。简单来讲，这些人会按照领域专长被安排给最适合的客户，发挥最大的作用。反过来说，客户会获得更多资深、有才华的人为他们提供传播咨询服务。

大创意：这会是奥美今年的发展方向吗？

Sandy：未来几年我们都要努力把这件事做好，除此之外，还有数据能力，数据不能碎片化，必须要提供洞悉，

从策略到如何和消费者沟通，先用数据梳理一些大的策略，再用数据让创意来得更有意思，之后用数据分析如何在对的时间、对的环境，用对的传播渠道接触到消费者，最后用数据帮客户评估效果。所以，在未来，数据一定是需要的，这也是我们应该努力的方向，也是“一个奥美”的优势。

大创意：在现在比较复杂的环境里，媒体环境也好，营销环境也好，奥美是怎样定义自己的呢？

Sandy：我一直对我的团队说要回归本质，我们本质上是干什么的呢？是以创意能力去解决客户的问题的。这个创意能力也包括我们对人性的理解，只有这样才会做出打动人的东西。如果问客户奥美怎么样的话，肯定会有负面的评价，比如流程特别慢之类的，不过我们现在一直在改善这个问题，如果问客户奥美的核心竞争力是什么的话，我相信他们的回答还是策略和创意，这些本质不会因为环境的变化而变化。我觉得主要抓住这个核心就可以了。

大创意：奥美就像一个标杆，所以提到4A已死的言论，大家就把矛头指向奥美，对此您怎么看？

Sandy：其实挺有趣的，我常常被邀请参加一些会议，人们会区分传统和非传统广告公司。做这种区隔，是因为他们忽视了我们做事情的本质，广告行业最终还是要影响消费者，去解决客户的问题的。如果把自己的核心竞争力立足在技术导向或者媒体环境上，就等于没有核心竞争力，因为科技每天都在进步，媒体和传播环境也会发生变革，所以不知道什么时候你就会被边缘化了。比如做微博运营，如果有一天，微博传播不再是主流了呢？所以核心竞争力还是要懂传播、懂市场、懂人性、懂怎么产出创意。人与人之间的沟通是不会变的，如何打动和吸引消费者，这些本质才是要去琢磨的地方。所以讨论传统还是不传统没有意义，也许今天的非传统，明天也会被定义为传统。

大创意：很多想要从事广告行业的人或者是广告专业毕业的学生，都很向往去奥美工作，那奥美对人才筛选有没有自己的标准呢？

Sandy：有的。第一个是一定要有好奇心，因为传播本来就是一个非常人文的东西，要知道人和人之间怎么沟通，才能让目标受众产生兴趣。比如，做尿布品牌，就需要对妈妈很好奇。第二个是热情，没有热情就没有创意。第三个是勇气，要敢于开拓不同的思路。第四个是合作，广告是一个合作的产出，所以我们必须要学会合作，这个在未来会变得很重要，因为我们会和不同的内容平台合作。第五个是机敏，反应力需要非常灵敏。第六个是担当。另外，我在招人的时候还会非常看重的一点是正直。现在这个社会太急功近利了，而做传播是对大众群体有影响力、有责任的，因此底线必须清楚，不传播虚假的东西。广告人的人品正直很重要，包括对客户、对品牌、对社会，既然我们做传播就必须要正直。

大创意：奥美对于您而言是什么样的存在？之前接触过很多奥美的人，对他们来说奥美是一种情结，而不单单是一家公司。

Sandy：我也会吧。我觉得奥美是一种“美德”，它有一种很正确的价值观，我们做广告不是为了得奖，而应该是为了帮客户完成市场任务。但有个前提，就是我们只挑好的品牌，如果客户的品牌或是产品有问题，我们也会拒绝。我们做的事情，不能对生活有不良的影响，在我看来，奥美在这些事上是很坚持的，这些和奥美从创立开始就很重视的创意，是不同层面的东西。我觉得做传播媒体和新闻一样，必须坚持道德准则，因为传播毕竟会影响很多人。

大创意：大家都认为广告是一个非常辛苦的行业，您进入这个行业已经20多年了，除了您刚才说的有些情怀，广告行业有什么吸引您的地方，让您一直待在广告行业吗？

Sandy：我觉得在传播领域内，只有两个行业能影响很多人，一个是媒体行业，另一个就是广告行业。这就更要求我们对社会用心，同时因为客户承担了传播效果的风险，我们也要以最大的责任心来对待客户，帮客户规划好，真正做既能满足客户，又对消费者或者社会产生好的影响的事情。

大创意：您有没有想过如果不做广告人的话，会做什么呢？

Sandy：我中学毕业的时候觉得考不上大学了，就一心一意想要当秘书，或者前台，暑假还专门去学了速记，已经准备好做前台或秘书了。

不过你现在问我，如果不做广告做什么的话，我会做老师，去教学。不是为了传递知识那么简单，我想把我一直相信的那些优秀品质分享给更多的孩子，哪怕是一点点。

大创意：您是 account 出身的，以您的经验来看，一个优秀的 account 应该具备什么样的素质？

Sandy：Account 要求很高，需要有很强的综合能力。我觉得这也是为什么全球大部分广告公司 90% 以上的 MD 都是 account 出身的原因。

所以我经常跟 account 说，虽然你现在很苦，但是你是最有前途的。

Account 要有能力跟客户谈他的商业策略，要有市场知识，要懂得如何用创意解决客户的问题，虽然你未必做得出创意来，但要懂得如何评判创意。

除此之外，还要懂得创意是怎么产生的，懂得协调客户和创意团队，懂得算钱，确保公司没有亏钱。如果你觉得自己只是公司里面一个帮客户传递信息的中间人，那就不对了。

常驻问题

大创意：请推荐一本您最近看过的书吧。

Sandy:《Justice》，这本书和人性有关，会挑战人们的道德观念和社会观念，你会通过这本书重新认识自己。

大创意：请推荐一部电影吧。

Sandy:《Sliding Doors》（双面情人），这部电影讲的是一个女生赶上了地铁和没有赶上地铁后的不同人生。看完后，你会知道很多东西的规划意义并不大，要活在当下。

大创意：请帮我们推荐下一个采访对象吧。

Sandy：我们公司新来的 ECD Andrew Low（卢伟传）。

An Interview with Zhao Yuanyuan

多看案例，多接触新媒体，少打王者荣耀，少追剧

赵圆圆
淘宝 - 产品和消费者平台 - 消费升级和创新资深市场专家，曾任上海奥美创意总监。

大创意 × Zhao Yuanyuan

在这次采访前，我对赵圆圆这个名字可以说是既熟悉又陌生，看了无数篇他的文章，关注了他在各种平台上的账号，但对他的印象更多的是这个卡通头像。

我带着对赵圆圆本人的好奇心看了很多关于他的资料，感觉他的工作经历有点像一部电影大片。他在北京待了 7 年后毅然决然地驱车到广州，只为寻找一种新生活，后来又从广州来到上海，成了广告圈中为数不多的一名网红。也许就是这样果敢、不甘平庸的性格让他从接触了 10 年的传统广告转向了做社交媒体，对于自己在社交媒体上的成功，他表示，“我就是一只小白鼠，侥幸的是，注射了一针‘社交’，发现自己变成杰瑞了。”

其实大多数广告人都认为赵圆圆在广告，特别是社交方面的专业能力是毋庸置疑的，所以我们这次更多的是和赵圆圆聊了聊他对广告行业、对社交媒体的看法，以及经验的分享。

大创意：现在很多人都把做社交理解为发几条微博，追个热点，做个活动，送点礼品，您如何看待社交的现状呢？

赵圆圆：人这种生物，在面对陌生事物的时候，为了缓解未知造成的恐惧，大脑会根据片段的信息，迅速给出一个大致的定义，这样马上就会有一定的心理安慰，所以也没必要纠正。真正做社交的人都知道社交的范畴有多大，事情有多少，内容有多复杂。就好像之前很多人把广告理解为写两句文案，做几张海报，再拍条广告一样，只是业界的循环常态而已。

大创意：在这个互联网快速发展的时代，很多品牌都争相做社交，在您看来互联网的发展和社交的热潮给广告行业带来了哪些冲击呢？

赵圆圆：一个公司能力的天花板往往是老板，老板不懂社交的话，这个公司基本也做不好社交，只是指望招来的新人就能打出一片天是不太现实的，所以现在出彩比较多的都是创意热店，而不是大 4A。

对广告行业最大的冲击其实不在于懂不懂社交，而是技术冲击。

大部分广告人对广告载体的理解还停留在平面、TVC、网页等最基础的端口，但整个广告载体日新月异，朋友圈广告的标签怎么选？开屏广告位怎么投？单单一个微博就有 40 多种广告产品，CPM（千人成本）怎么算？ROI（投资回报率）怎么定？很多人对这些都是一头雾水。这种冲击让我经常感觉后脊梁冒冷汗，每天不学点新东西就觉得自己要被踢出局了。

大创意：您作为传统广告人出身，现

在在社交领域做得如此成功，这个过程您是如何转变的？有哪些经验可以分享呢？

赵圆圆：其实不是个人的成功，而是奥美模式的成功，奥美经常会开一些实验室性质的尝试，去探索新媒体、新内容、新的传播路径，而我就是那只小白鼠，侥幸的是，注射了一针“社交”，发现自己变成“杰瑞”了。如果说经验分享的话，可以总结为几点：进场要早，了解要全面，尝试要多，不怕犯错，底线清晰。这几点看似干涩而无趣，但真正要做到很难。

大创意：受互联网的影响，广告的形式、内容变得更加多样，对于处在传统广告公司的广告人来说，面对这样的变化，未来应该做哪些准备？

赵圆圆：公司没有相关业务，并不代表你自己不能早做准备，每天多看案例，多接触新媒体，少打王者荣耀，少追剧。多看看 BAT 三家（百度、阿里巴巴、腾讯）最近做了什么案例，哪个创业项目又火了，微博、微信的广告位有哪些变化，常用的二十个圈层里，有哪些新的 KOL（关键意见领袖），贴吧和 B 站，有哪些新词汇，抖音下载了吗？在 B612 做过表情包吗？即刻开通了几个……

大创意：现在都在说“内容营销”，很多人认为比起渠道，内容以后会更加重要。在内容愈加重要的趋势下，您认为如何创造出有价值的内容？

赵圆圆：以前在一张静态的海报里，就能讲一个有时间、地点、人物、起因、经过、结果的小故事，而且还带有剧情反转的梗。但如果你现在看到的广告只有明星举着一个手机，那你肯定觉得没有内容。

内容是围绕产品产生的衍生物，也是把产品变成品牌的必经之路。从宣传

肯德基×鹿晗：K记来了个鹿店长

物料到周边玩具，从虚拟表情包到影视剧，从VR眼镜到AI智能语音，这些都可以是内容的载体。接下来就是要因地制宜地讲故事，比如讲一支牙膏从洁牙工具，变成家庭关系、难忘回忆、情感维系、职场经历的一个触媒，这就是在做内容了。

大创意：“消费升级”已经成为现在的一个趋势，很多品牌都在做消费升级，对于这些品牌的创始人或市场部的人，您认为他们应该关注些什么呢？

赵圆圆：关注美好而无用的东西，现在的产品只能做到功能微调和局部优化，像蒸汽革命或者建立互联网这种大的革新很少了，AI和基因工程算是为数不多的亮点，所以大部分品牌都在售卖产品附加值，比如可乐售卖的不是消暑解渴，而是年轻酷炫的标志。我希望他们多关注星座、锦鲤、海贼王、字幕组、明星八卦、网红产品等。

大创意：奥美在社交方面都做过哪些成功的案例？对于奥美这样在很多人眼中的传统广告公司来说，您认为奥美做社交的优势在哪儿？

赵圆圆：成功的案例取决于以什么标准来看，如果和优秀同行的刷屏案例相比的话，可以说我们一个成功的案例都没有。但如果从客户端来说，奥美保证了这些巨无霸品牌在社交时代没有落伍，稳步前进，不乱花钱，而且时不时有亮点，这么看的话，我们大部分出街的都算成功案例了。

奥美在做社交方面比较占优势的地方是：1. 奥美非常吸引年轻人，并且能找到年轻人当中的佼佼者，这有点像拉玛西亚青训营，总是天才辈出。2. 极其丰富的客户资源，世界500强的客户，一个知名品牌做的案例总是比不知名品牌要吸引人一些。

EXO星能套餐超能玩出味

大创意：其实奥美内部是自产网红的，那为什么会想到再招一批网红段子手来做广告？和广告人相比，您觉得他们的优势在哪儿？

赵圆圆：我觉得这是个错觉，奥美其实不会自产网红，只是那些未成形的网红选择了奥美。和广告人相比，网红让我们这些朝九晚五上班的打工仔，知道什么叫另一种人生。

大创意：现在很多广告人都会自己开一个公众号，那您是如何看待现在是个广告人都有公众号的现象呢？

赵圆圆：挺好的，公众号是检验自己到底有没有传播力的一块试金石，但仅此而已，它不是必需品，有兴趣就开着玩，没兴趣就不开。公众号写得好的人未必日常文案就写得好，同理，美术做得好的人也许连朋友圈都不发。

大创意：您从刚开始做自媒体到现在踩过哪些坑？为什么最初要把自己定位成一个女性形象呢？

赵圆圆：我做自媒体还没遇到什么坑，工作没有强制性，比较随性，高兴了就写，不高兴就不写。认识很多其他自媒体也是水到渠成，大家合得来就在一起，合不来就不联系。我不是刻意扮演女性，如果想保持这个人设就没必要出镜，一直藏着当“人妖号”

好了，我觉得是名字和文笔让人产生了误解，大众觉得这种文章不像男生写的。

大创意：您有哪些做自媒体的经验可以跟我们分享一下吗？您在平时是如何总结这些经验的？

赵圆圆：看到顾爷打广告的方式很有趣，就去试试；看到黎贝卡的异想世界转化效果好，就去研究。

不停地拆解那些头部自媒体的套路，亲自试验一番，然后就掌握了。掌握得越多，会的招式就越多，能够玩的组合就越多，而且这些招式都是大号们验证成功了的，这样博采众长，时间久了就能形成自己的武功了。

大创意：名气越大，其实接收到的负面评价也越多，如果在互联网上看到对自己的负面评价，您会怎么处理？

赵圆圆：总统也会经常被人反驳，这个世界就是这样的，别人说你好或不好，都不受你控制，所以谁也做不到只能听好的，不听不好的，大家开心就好。

大创意：您在微博、微信、知乎这些平台上都有自己的账号，在您看来这些平台各有什么样的特质？如何看待它们的现状？

赵圆圆：微博在重新崛起分发小道消息，微信是长期稳定做普世内容，知乎是垂直专注深度答疑。我觉得区别很大，但都找到了自己鲜明的定位，都会长久存在下去。

大创意：其实现在公众号越来越难做，公众号太多，而大多数人每天只会浏览六七个，在您看来，公众号在未来的发展趋势是什么？

赵圆圆：公众号从来没有好做过，一

直都很多，但就像这个国家一样，什么都有，什么都不缺，但是高品质的、高价值的永远是稀缺品。未来趋势是什么？只要微信日活跃用户数还有8亿，公众号就不会差到哪里。等到大家不用微信沟通了的时候，公众号自然就不行了。

大创意：您当初为什么会选择进入广告行业？您在做社交之前是从事什么的呢？

赵圆圆：为了不按时上班。之前做的是传统广告和公关活动。

大创意：近两年这么多广告作品中，哪个广告是您最喜欢的，哪个是您最不喜欢的？

赵圆圆：喜欢的数不过来，不喜欢的为什么要记得？最喜欢的应该是谷歌每年的年度总结广告，看了就会哭。

大创意：您在广告行业待了这么多年，在您看来，如何评价一个创意的好坏？有哪些指标？

赵圆圆：评价创意的好坏，千人千面，这个无法定义。以前觉得急支糖浆的豹子追美女的广告很不好，但现在看来简直是神作。我的底线很低，只要能让人留下印象的创意，都算好创意。

大创意：您之前的一篇文章中提到，偶尔看和菜头，带脑子看《罗辑思维》。为什么呢？您是如何看待他们的内容的？

赵圆圆：我是做广告的，要把产品卖给更多的普通人，所以我一定要了解普通人的喜好，而不是把我自己的喜好加在广告里。

和菜头有些文章写得很好，毕竟他的年龄和阅历摆在那里，行文又很流畅。《罗辑思维》总会创造认知焦虑，让

小肥羊《寻味之旅 1》

你害怕跟不上飞速发展的未来，然后去买他们的产品来缓解焦虑。

大创意：不管是写段子也好，做广告也好，创意都很重要，那您在平时找灵感时都会上哪些网站呢？

赵圆圆：微博、微信、YouTube，总之是人多的网站。

大创意：您曾经说，“广告人没进过奥美，不完美。”对于您来说，奥美最吸引你的地方在哪儿？

赵圆圆：人性化的管理，洋气的装修，高质量的办公用品，高素质懂礼貌的同事。

大创意：作为一名创意总监，什么样的人最吸引你？

赵圆圆：有特长的人，哪怕特长是吹口琴，或者王者荣耀王者段位的人。

大创意：有没有想过如果有一天不做广告了，会做什么？

赵圆圆：做产品。

常驻问题

大创意：请推荐一本您最近看的书或一部电影吧。

赵圆圆：电影是《天才少女》，书是《京都朝圣旅人书》。

大创意：请帮我们推荐下一个受访人吧。

赵圆圆：顾爷。

图书在版编目（CIP）数据

超级广告人创意心得 / 大创意编著 .—桂林：广西师范大学出版社，2019.5（2021.6 重印）

ISBN 978-7-5495-2141-8

Ⅰ．①超… Ⅱ．①大… Ⅲ．①广告学 Ⅳ．① F713.80

中国版本图书馆 CIP 数据核字（2019）第 048940 号

超级广告人创意心得

CHAOJI GUANGGAOREN CHUAGNYI XINDE

责任编辑：肖　莉

助理编辑：孙世阳

版式设计：六　元

广西师范大学出版社出版发行

（广西桂林市五里店路 9 号　　邮政编码：541004
网址：http://www.bbtpress.com）

出版人：黄轩庄

全国新华书店经销

销售热线：021-65200318　021-31260822-898

山东临沂新华印刷物流集团有限责任公司印刷

（临沂高新技术产业开发区新华路 1 号　邮政编码：276017）

开本：710mm × 1 000mm　1/16

印张：13　　字数：210 千字

2019 年 5 月第 1 版　　2021 年 6 月第 2 次印刷

定价：68.00 元
